HEAR

NAZE, ANOHITONIWA NANDEMO HANASHITESHIMAUNOKA SHINRI COUNSELOR NO SUGOI
「KIKU GIJYUTSU」

by Hiroshi Yamane

Copyright © Hiroshi Yamane 2022

Korean translation copyright ©2023 by Million Publisher

All rights reserved.

Original Japanese language edition published by Ascom Inc..

Korean translation rights arranged with Ascom Inc..

through Lanka Creative Partners co., Ltd., Tokyo and Duran Kim Agency

HEAR

히어

듣기는 어떻게
나의 영향력을 높이는가?

야마네 히로시 지음 | 신 찬 옮김

밀리언서재
Million Publisher

왜 그 사람에게는
무슨 이야기든 술술 하게 되는 걸까?

말솜씨가 없어도 잘되는 사람이 있다

- 말주변이 없어도 고객이 원하는 것을 잘 파악하는 영업사원
- 회식이나 면담을 꺼리는 부하직원의 마음을 쉽게 사로잡는 리더
- 업무 능력이나 성과와 별개로 상담을 잘해주는 선배
- 잡담을 나눌 때도 귀 기울이게 만드는 동료나 친구

당신 주변에도 '왠지 자꾸 이야기하고 싶게 만드는 사람'이 있지 않나요?

이 사람 앞에서는 이런저런 이야기가 술술 나오는데, 저 사람 앞에서는 벙어리가 된 듯 좀처럼 입이 열리지 않은 경험이 있을 겁니다.

(( )))

누구에게는 쉽게 말하고 누구에게는 이야기하기가 불편한 이유가 뭘까요? 어쩌면 그 원인을 서로의 입장이나 상황, 지식과 경험, 성격 등의 차이라고 생각할 수도 있습니다. 하지만 이것은 너무 안이하게 치부하는 것입니다.

사실 상대가 어떤 성향의 사람인지는 상관없습니다. 중요한 것은 남의 이야기를 듣는 방식의 차이니까요.

'뭐든 이야기하고 싶게 만드는 사람'을 보면 심리학(심리요법)적으로 공통된 잘 듣는 기술을 구사하고 있습니다.

다음 사항에 해당한다면 상대의 말을 듣는 방법에 대해 고민해봐야 합니다.

• 아무리 캐물어도 상대의 속마음을 알기 어렵다.

- '뭐든 이야기해봐요'라고 말해도 고민을 이야기하거나 상담을 요청하는 사람이 없다.
- 귀 기울여 듣고 진지하게 답했는데 '제대로 좀 들어'라는 지적을 받는다.
- 아무리 설득해도 '그건 말이야……', '그런데 말이야……'라며 납득하지 않는다.

그렇다면 '뭐든 이야기하고 싶게 만드는 사람'의 비결은 뭘까요?

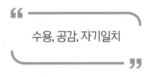

수용, 공감, 자기일치

수용은 상대의 가치관이나 사고방식을 무조건 받아들이는 것입니다.

공감은 상대의 감정을 상상하고 이해하는 것입니다.

자기일치는 있는 그대로의 자기 모습을 깨닫는 것, 그리고 '나는 이걸로 괜찮아'라고 생각하는 것입니다.

이것은 미국의 심리학자 칼 로저스가 강조한 경청의 3원칙에

근거한 것입니다. 심리 상담을 할 때 상대의 마음을 열고 신뢰 관계를 구축하기 위해 반드시 필요한 과정이기도 합니다.

어렵다고 생각할지 모르겠지만 그렇지 않으니 안심해도 됩니다. 능숙하게 말하는 기술을 익히는 것보다 듣는 방법을 바꾸는 것이 훨씬 효과적이니까요.

상대의 말을 잘 듣고자 하는 노력은 언제든 누구라도 할 수 있습니다.

센스 있는 말을 능가하는 기술

듣는 기술은 본질적으로 내가 '어떻게 이야기할 것인가'가 아니라 상대가 '어떻게 이야기하게 만들 것인가'입니다.

대화를 이끌어나갈 자신이 없어도 됩니다. 말주변이 없어도 괜찮습니다. 재미있는 이야기를 많이 알고 있다거나 유머 감각이 좋은 것과도 전혀 상관없습니다. 상대의 말을 센스 있게 받아치지 못해도 문제없습니다. 이런 것들은 전혀 중요하지 않으니까요.

듣는 사람 입장에서는 말하는 사람의 폭넓은 지식과 경험이 오히려 부담스럽고 거추장스러울 수 있습니다.

남의 이야기를 듣거나 읽을 때 머릿속에 하고 싶은 말이나 생각이 자꾸 떠오르면 어떨까요? 머릿속이 하고 싶은 말로 가득 차면 이야기를 들을 때 수용, 공감, 자기일치를 발휘하기가 몇 배는 더 힘듭니다.

미국의 경영 컨설턴트 스티븐 코비는 세계적인 베스트셀러 《성공하는 사람들의 7가지 습관(The 7 Habits of Highly Effective People)》에서 다음과 같이 말했습니다.

"상대가 이야기할 때 대부분의 사람들은 이해하려고 듣는 게 아니라 답하려고 듣는다."

상대의 이야기를 잘 듣지 못하는 사람은 자신이 이야기하는 데만 집중하는 경향이 있습니다.

사람들은 원래 말하는 것을 좋아합니다. 당신 주변에도 수다스럽거나 자신의 이야기를 들어주기를 바라는 사람들이 많을 것입니다. 자기 말을 들어주기만을 기다리는 사람들 말입니다.

잘 들어주는 것도 능력이기 때문에 강력한 무기가 될 수 있습니다.

상대의 말을 잘 들으면 비즈니스나 경영 관리는 물론 일상생활에서도 큰 도움이 됩니다. 적극적인 말하기가 아닌 적극적인 듣기가 성공의 밑거름이 되었다는 사람도 적지 않습니다.

- 애써 말을 이어가려고 하지 않아도 자연스럽게 대화가 이어진다.
- 남의 이야기를 듣는 게 편하다.
- 거래처가 스스로 자신들이 원하는 것을 이야기해준다.
- 부하직원이나 후배가 속마음을 이야기한다.
- 상사나 선배의 이야기를 진솔하게 듣는다.
- 클레임이나 고충에 잘 대처한다.
- 남들과 쓸데없는 일로 충돌하지 않는다.
- 남들의 다양한 사고방식과 가치관을 배운다.
- 첫 대면에서 좋은 인상을 준다.
- 껄끄러운 상대와 대화할 때 스트레스가 줄어든다.
- 자신감이 생긴다.
- 사소한 일로 초조해하지 않는다.

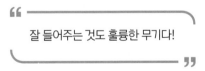

잘 들어주는 것도 훌륭한 무기다!

경청의 가치에 대해 피터 F. 드러커도 《비영리단체의 경영

(Managing the Nonprofit Organization)》에서 다음과 같이 이야기했습니다.

"많은 사람들이 말솜씨가 능숙할수록 인간관계가 좋다고 생각한다. 그래서 정작 듣기가 대인관계의 핵심임을 알지 못하는 사람들이 많다."

또한 데일 카네기는 《데일 카네기 인간관계론(How to Win Friends and Influence People)》에서 이렇게 말했습니다.

"말을 잘하고 싶다면 우선 잘 들어야 한다. 상대가 흥미를 갖게 하려면 먼저 자신이 흥미로운 사람이 되어야 한다."

> "
> 뭐든 이야기하고 싶게 만드는 사람
> "

다시 말해 신뢰할 수 있는 사람, 의지할 수 있는 사람이라는 의미입니다. 이런 사람에게는 일을 맡겨도 전혀 불안하지 않을 것입니다.

듣는 기술을 익히고 조금이라도 시험해보고 싶은 마음이 생긴다면 다음 책장을 넘겨주기를 바랍니다.

사람들은 누구나 자신이 상대의 이야기를 잘 듣는다고 생각합니다. 그래서 대부분 듣기보다는 어떻게 하면 말을 잘할까에 집중합니다.

이러한 의식을 조금만 바꿔도 듣는 기술에 대한 큰 깨달음을 얻고 잘 듣는 능력을 발휘할 수 있으리라고 장담합니다.

데일 카네기 인간관계론의 핵심은 '듣기'

저는 지금까지 8천 명이 넘는 사람들을 만나 심리 상담을 진행해오면서 실로 다양한 상담 사례를 직접 경험했습니다.

사람들은 심리상담사를 어떻게 생각할까요?

상냥하게 말해주는 사람? 아니면 날카로운 조언을 해주는 사람?

저는 다르게 생각합니다.

> **심리상담사는 세상에서 가장 이야기를 잘 들어주는 사람입니다.**

많은 사람들이 심리상담사라고 하면 말을 잘하는 사람이라고 생각하는데, 사실은 상대의 이야기를 듣는 것이 심리상담사의 일입니다.

그러니 재치 넘치는 말이나 적절한 조언, 격언 같은 멋진 말은 기대하지 말아주세요.

상대의 이야기를 듣기만 하면 된다니, 정말 편한 직업이라고 생각하는 사람들도 있을 것입니다.

하지만 상담의 목적은 어떤 고민을 가진 사람들이 문제를 스스로 해결하도록 돕는 것입니다. 상대가 자신의 생각을 정리하고 스스로 답을 찾아 말로 표현할 수 있는 기회를 제공합니다.

심리상담사는 이러한 과정을 방해하지 않고 돕기 위해 우선 이야기를 잘 들어줘야 합니다. 전문가들은 오랜 연구를 거쳐 듣는 기술을 갈고닦았다는 것을 심리상담사가 되고 나서야 실감했습니다.

누구나 말을 하고 글을 쓸 줄 아는데도 '말하기 전문가'나 '글쓰기 전문가'가 있듯이, 누구나 들을 수 있지만 전문적인 듣기 능력은 따로 있음을 알게 되었습니다.

아무런 일면식도 없는 상대와 대화를 나누지 않고 일방적으로 이야기를 듣기만 한다면 과연 어떨까요?

저도 처음에는 당황했습니다. 입을 꾹 다물고 무언가를 계속 생각하는 사람이 있는가 하면 이때다 싶어 온갖 이야기를 늘어 놓는 사람도 있습니다. 처음 보는데도 마치 오랜 친구를 만난 듯 가볍게 말하는 사람도 있습니다.

하지만 마지막에는 공통적으로 대부분 '들어줘서 고마워요' 라는 말을 남깁니다.

왜일까요? 제가 심리상담사라서 그럴까요? 아니면 그저 형식적인 인사치레일 뿐일까요?

그렇게 생각할 수도 있지만 정답은 아닙니다. 저는 성격이 좋다거나 개그맨처럼 재미있는 말을 잘하지도 못합니다.

'잘 들어줘서 고맙다'는 말을 들을 수 있는 비결은 바로 앞에서 말한 수용, 공감, 자기일치입니다. 상대가 안심하고 뭐든 이야기하고 싶게 만드는 기술을 발휘했기 때문입니다. '듣기 전문가'로서 가치를 인정받은 것입니다.

이 책은 심리상담사가 평소에 사용하는 듣는 비법 중에서 업무나 일상적인 대화에서도 활용할 수 있는 기술을 정리했습니다.

저도 심리상담사를 하면서 습득한 기술이 실제 일상적인 대화에서도 효과가 있음을 실감했습니다.

듣는 기술을 잘 이용하면 대화를 나누면서 욱하거나 화가 치미는 일도 더 이상 생기지 않습니다. 그리고 계속 듣기만 해도 지치지 않습니다. 상대를 초조하게 만들지도 않고 다툼이 일어나지도 않습니다.

듣는 기술을 습득하고 나서 예전의 나로서는 도저히 상상할 수 없을 정도로 인간관계가 좋아졌습니다.

내가 편해질 뿐만 아니라 무엇보다 상대가 자신의 이야기를 잘 들어주기를 원합니다.

저는 심리상담을 통해 어떻게 듣느냐에 따라 상대가 상처를 받기도 하고 구원을 얻기도 한다는 것을 배웠습니다.

이 책을 쓰게 된 이유도 많은 사람들이 상대의 이야기를 잘 듣기를 바라서입니다. 왜 이런 생각을 하게 된 걸까요?

요즘에는 마음의 병을 앓는 사람들이 너무나 많습니다.

주변에 상대의 이야기를 잘 들어주는 사람이 있다는 것은 고민이 있는 사람에게는 구원과 다름없습니다.

하지만 요즘은 이야기를 들어줄 사람을 찾기가 매우 힘든 세상입니다. 또한 상대가 잘 들어주지 못하면 이야기를 한들 고민이 해소되기는커녕 더 큰 부담과 혼란만 생깁니다.

이야기를 들을 줄 아는 사람들이 많아질수록 분명 우리 사회는 더 나아지리라 생각합니다.

어떤가요? 당신 주변에는 당신의 이야기를 잘 들어줄 사람이 있나요?

어떤가요? 당신은 가족이나 친구, 직장 동료의 이야기를 잘 들어주는 사람인가요?

당신의 소중한 사람에게 세상에서 가장 이야기를 잘 들어주는 사람이 되어주세요.

이 책은 상대의 이야기를 잘 들어줌으로써 자신의 문제를 해결할 뿐 아니라 더 나아가 다른 사람들을 도울 수 있는 방법을 알려줄 것입니다.

PART 06 듣는 것을 즐겨라,
나의 가치를 올리려면

HEAR

HEAR

어떤 말이든 안심하고 털어놓고 싶은 사람
무슨 말을 하든 믿게 되는 사람
그리하여 오래 함께 일하고 싶은 사람

일단 들어라,
사람의 마음을 움직이려면

더 이상 설득하지 않아도 됩니다

듣기만 했는데 상황이 순식간에 변한다

사람들은 상대의 이야기를 듣는 것이 중요하다고 말합니다. 과연 어떤 효과가 있길래 잘 들어야 한다고 강조하는 걸까요?

이 책은 심리상담사가 전문적으로 터득한 잘 듣는 방법을 소개합니다. 하지만 그전에 상대의 이야기를 잘 들어주는 것이 얼마나 중요한 일인지를 알아야 합니다.

우선 다음과 같은 에피소드로 이야기를 풀어볼까 합니다.

좀 껄끄러운 상사가 있는데 사사건건 의견 충돌이에요.

그렇다고 사람이 싫은 건 아닙니다. 하지만 자기가 납득하지 못하면 몇 번이고 설명을 요구해요.

그러다 보면 어떨 때는 말다툼으로 번지기까지 합니다.

아무리 조목조목 성심성의껏 설명해도 '그건 아니야……', '그런데 말이야……'라는 반응이에요.

어떤 식으로 이야기해야 하나 생각하다가 지쳐서 한번은 잠자코 가만히 듣고 있었어요.

그런데 놀라운 일이 일어났습니다.

점차 상사의 반응이 누그러지는 게 아니겠어요? 말투도 점점 부드러워지고요.

게다가 '그렇군', '그런 거 같군' 하고 혼자서 납득하더니 급기야 '나도 잘못 생각했군', '자네가 무슨 말을 하는지 알겠어'라며 스스로 반성하는 겁니다.

마지막에는 '이야기하길 잘했어. 고마워'라는 인사까지 받았어요.

그렇게 죽을힘을 다해 이야기해도 소용없더니 신기하게도 듣기만 했는데 문제가 해결되었습니다.

애써서 상대를 설득하지 않아도 됩니다. 의견이 다른데도 억지로 맞장구쳐줄 필요도 없고, 상대의 이야기가 흥미로운 척하지 않아도 됩니다.

상대의 이야기를 듣기만 했는데도 상황이 순식간에 바뀌었습니다.

이것은 가장 기초적인 듣는 기술에 불과합니다. 이 책에서 소개하는 '수용, 공감, 자기일치'를 바탕으로 상대의 이야기를 들어보면 당신도 고민을 해결할 수 있을 것입니다.

오늘 당신은 누구와 대화를 나눴나요? 그리고 '여기서는 듣기만 하자'고 결심한 뒤 귀담아듣는 데만 집중한 순간이 있었나요?

일상에서는 상대의 이야기를 들을 기회가 얼마든지 많습니다.

- 고객의 이야기 듣기
- 상사 또는 부하직원의 이야기 듣기
- 가족의 이야기 듣기
- 연인이나 친구의 이야기 듣기

무언가 일이 잘 안 풀릴 때 잘 듣기만 해도 상황이 극적으로 좋아질 수 있습니다.

당신이 잘 들어주면 굼뜨던 사람이 움직이고, 단단히 닫힌 마음이 열리며, 엉킨 고민도 술술 풀려나갑니다.

내가 말을 줄이면 상대의 마음이 열린다

이야기 듣기의 전문가인 심리상담사가 구사하는 기술이 바로 말수 줄이기와 비슷합니다. 심리상담도 묵묵히 상대의 이야기를 듣는 것이 기본입니다.

앞서 살펴본 에피소드를 심리학적으로 풀어봅시다. 상대의 이야기를 듣는 것에 집중했기 때문에 상사는 '수용'과 '공감'을 할 수 있었습니다. 그러자 자연스럽게 생각이 정리되면서 '자기일치'가 실현되어 말과 행동이 바뀐 것입니다.

이 책에서는 앞으로 이야기를 듣기 위해서는 어떤 준비가 필요한지, 그리고 생각하는 법과 구체적으로 이야기를 이어가는 법, 질문하는 법 등에 대해 설명할 것입니다.

한 번에 전부 터득하기는 쉽지 않으니 조금씩 듣는 것의 의미를 생각하면서 익혀봅시다.

먼저 '말수 줄이기'부터 실천해보세요.

앞의 에피소드처럼 듣기만 했는데 문제가 저절로 해결되는 경우도 있습니다.

그런데 아무 말 없이 묵묵히 듣는 일은 의외로 쉽지 않습니다. 서로가 입을 다물고 있으면 불안해지기도 하죠.

이런 상황이야말로 이 책에서 소개하는 듣는 방법이 도움되는 순간입니다.

적극적으로 이야기하지 않아도 됩니다

가만히 있어도 호감이 상승하는 사람

가전제품을 사거나 보험을 들려고 할 때는 여러 회사의 다양한 상품을 서로 비교합니다. 가격도 비슷하고 기능도 별반 차이 없어 보이는 수많은 상품 중에 도대체 무엇을 선택해야 할지 모를 때가 있습니다. 리뷰나 사용 후기를 찾아봐도 고민만 깊어질 뿐이죠. 결국에는 '다 똑같지, 뭐' 하고 자기합리화를 하게 됩니다.

이럴 때 구매를 결정하는 포인트는 뭘까요? 의외로 '누구에게 사는가', 즉 물건을 파는 상대를 보고 결정하지 않나요?

영업이나 판매 직종에서 성과를 올리는 사람은 2가지 유형입니다.

하나는 압도적인 지식과 경험, 화술로 상대를 설득하여 판매하는 사람입니다. 또 하나는 상대와 관계를 잘 구축해서 상품을 사게 만드는 사람입니다.

2가지 유형 모두 자신의 무기를 활용하여 성과를 내고 있는데, 누구나 쉽게 흉내 낼 수 있는 것은 두 번째 방법입니다.

당신 주위에도 이런 사람이 있을 것입니다. 말주변이 썩 좋지도 않고 적극적으로 이야기하지도 않는데 모두에게 호감을 주고 영업 성과도 좋은 사람 말입니다. 이런 사람에게는 공통점이 있습니다. 바로 상대의 이야기를 잘 들어준다는 것이죠.

아무리 수단과 방법을 가리지 않고 상품이나 서비스의 장점을 설명해도 상대에게 필요하지 않으면 헛수고일 뿐입니다. 그러나 잘 들어주는 사람은 상대가 스스로 필요한 것을 술술 말하게 합니다.

이런 점에서 아무래도 화술을 갈고닦기보다는 이야기를 듣는 방법을 익히는 것이 더 쉬워 보입니다.

사람을 사귀는 데 서툴러도 괜찮다

무슨 이야기든 편하게 털어놓는 상대가 있습니다. 무엇 때문에 그 사람에게는 뭐든 이야기하게 되는 것일까요?

그 비밀을 심리상담사의 입장에서 풀어보면 상대가 '수용, 공감, 자기일치'를 이끌기 때문입니다.

단순히 상대의 이야기를 잘 들어주는 것만으로는 영업 성과를 올릴 수 없습니다. 먼저 상대를 받아들이고 공감해서 마음을 열게 해야 합니다. 그런 다음 상대가 '저는 이렇게 생각해요', '제가 원하는 건 이거예요' 하고 스스로 해결점에 도달하도록 유도하는 것입니다. 이것이 바로 심리상담사의 듣는 비법입니다.

천성적으로 남의 이야기를 잘 들어주는 사람도 있지만, 말주변이 없고 내성적인 사람이라도 잘 듣는 방법을 얼마든지 익힐 수 있습니다.

굳이 적극적으로 이야기하지 않아도 상대와 좋은 관계를 맺을 수 있기 때문에 사람을 사귀는 데 서툴더라도 부담 없이 배우고 활용할 수 있는 방법입니다.

나를 믿어달라고 말할 필요 없습니다

마음의 거리를 좁히는 가장 쉬운 방법

잘 듣는 태도는 상대에게 호감을 주는 데도 효과적입니다. '카타르시스 효과'라는 말을 들어본 적이 있나요? 간단히 말하면 슬픔이나 분노 등 응어리진 감정을 표출함으로써 기분이 순화되는 효과를 뜻합니다.

카타르시스는 '심적 정화'라고도 합니다. 유명 심리학자이며 정신과 의사인 지그문트 프로이트는 카타르시스 효과를 정신 분석 요법에 활용했습니다.

무언가 안 좋은 일을 겪었는데 누군가와 대화를 나누고 응어리가 해소된 경험이 누구나 한 번쯤 있을 겁니다. 심리상담사도 내담자가 마음속 응어리를 해소하는 카타르시스를 경험할 수 있도록 돕습니다. 이런 이유로 이야기를 듣는 것입니다.

평소 업무나 인간관계에서 이야기를 듣는 입장이라면 누구나 카타르시스 효과를 활용할 수 있습니다.

업무든 사생활이든 가장 중요한 것은 신뢰 관계입니다. 신뢰하지 못하면 일을 맡길 수 없고 호의도 생기지 않습니다.

> ❝
> 누군가 당신과 대화를 나누면서 카타르시스를 느꼈다면
> 신뢰 관계를 구축하기가 훨씬 수월해집니다.
> ❞

쉽게 털어놓기 힘든 고민이나 불만을 이야기하면 심적 거리가 한결 가까워집니다.

연애나 업무 상담을 하다 상대가 어느새 좋아지는 감정이 생기는 것도 이와 같은 효과입니다.

하지만 애초에 친하지 않은 상대가 속마음을 쉽게 털어놓을 리는 없겠죠. 그렇기 때문에 잘 들어주는 것이 필요합니다.

일단은 잘 듣기만 하면 됩니다. 심리상담사도 듣는 기술을 활용해서 상대와 신뢰 관계를 구축합니다.

심적 부담감을 낮추는 것이 핵심

듣는 사람의 역할은 상대를 받아들이고 인정하는 것에서 시작합니다. 그래야만 상대가 마음을 열고 이야기하기 편한 분위기가 조성되니까요.

최근에는 기업 조직론을 논할 때 중시하는 것 중 하나가 구성원들의 '심리적 안전감'입니다.

심리적 안전감이란 조직행동학을 연구하는 에이미 에드먼슨이 제창한 심리학 용어입니다. 다른 사람이 자신의 발언을 부정하거나 거절하지 않는 상황에서 편안한 마음으로 이야기한다는 것입니다.

> **심리적 안전감을 높인다는 것은 주저하지 않고 무엇이든 이야기할 수 있는 상태로 만든다는 뜻입니다.**

이것은 조직 관리뿐만 아니라 일상적인 대화에서도 중요합니다. 수용이란 상대가 무슨 말을 해도 받아들이고, 자신의 가치관이나 사고방식과 다르다 하더라도 전체를 온전히 인정하고 이해하는 것입니다.

이러한 수용을 통해 어떤 발언을 할 때의 심리적 부담감을 줄이고 대화의 심리적 안전감을 높이는 것이 듣는 기술의 핵심입니다.

일단 '그렇구나'라고 말해보세요

'왜?'라는 질문은 일단 접어두기

이쯤에서 바로 활용할 수 있는 듣기 방법이 있습니다. 간단하면서도 곧바로 효과를 볼 수 있죠.

바로 '그렇군', '그렇구나'와 같은 반응을 나타내는 것입니다. 이는 수용, 공감, 자기일치 중에서 수용을 상대에게 보여줄 수 있는 간단한 말입니다.

예를 들어 상사와 면담하는 자리에서 부하직원이 "저는 자꾸 나서서 일을 떠맡는 버릇이 있어요……. 좋은 습관이 아니라는 걸 알면서도요"라고 고민을 토로합니다. 이럴 때 상사는 첫마디로 무슨 말을 하는 것이 좋을까요?

'그렇군'이라고 반응하는 것이 좋습니다. '왜 그럴까?'라든지 '나라면 이렇게 하겠어'라는 식으로 자기 의견부터 말하고 싶겠지만, 일단 '그렇군' 하고 먼저 수용합니다. 이렇게만 말해도 상대의 심리적 부담감이 상당히 줄어듭니다.

예를 들어 잡담을 나누고 있는데 동료가 "저 거래처 직원 말이야. 별로 마음에 안 들어"라고 부정적인 의견을 말했습니다. 이럴 때는 맨 처음 '그렇군'이라고 말을 꺼냅니다.

보통은 '왜?'라고 물어보면서 이유를 알아내려고 합니다. 아니면 "그렇게 말하는 건 업무에 도움이 안 돼"라고 말하면서 경계심을 내비치며 은근히 충고하는 것이 일반적입니다. "맞아, 이런 면이 정말 싫지?"라고 상대를 두둔하고 싶을 때도 있죠.

하지만 일단은 수용이 먼저입니다.

> **"**
> 상대가 무슨 말을 하든 복잡하게 생각하지 말고
> 일단 '그렇군'이라고 말합니다.
> **"**

저도 심리상담에서 잘 듣는 법을 익히기 전까지는 주로 의견이나 반론을 제시하면서 가르치려 들었습니다. 머리를 완전히 비우고, 상대의 말을 있는 그대로 듣는 것은 좀처럼 쉬운 일이 아닙니다.

하지만 어떤 상대든, 어떤 이야기든 일단 '그렇군' 하고 수용하기 시작했습니다. 그러자 상대가 주저 없이 이야기하고 언쟁이 벌어지는 일도 없어졌습니다. 더 나아가 속마음을 터놓을 만큼 깊은 관계로 발전하는 경우가 많았습니다.

'그렇군', '그렇구나'는 '맞아요', '그런가요?'와는 느낌이 다릅니다. 전자는 상대의 이야기에 대해 자신의 해석이나 감정을 전혀 반영하지 않고 있는 그대로 받아들이는 말입니다.

실제로 '그렇군', '그렇구나'라고 대응했을 때 대화가 부드럽게 이어질 뿐만 아니라 불편한 마음이나 상대에 대한 불만과 불신도 희석되어 기분이 편안해집니다. 그렇게 되면 상대에 대한 인상도 변합니다.

있는 그대로 듣는 것이야말로 여기에서 이야기하고자 하는 듣기의 본질입니다.

재밌게 말하지 못해도 상관없습니다

대화가 잘 풀리는 비결은 따로 있다

- 대화의 분위기가 무르익지 않는다.
- 이야기를 나눠도 즐겁지 않다.
- 상대도 즐겁지 않은 표정이다.
- 그러다 어느새 침묵이 길게 이어진다.

'무슨 이야기라도 해야겠는데', '재미있는 농담이라도 해야 하지 않을까……' 하는 초조한 마음이 들 수도 있습니다.

나중에 '난 왜 이렇게 말주변이 없을까?' 하고 자책하는 마음이 생기기도 하지요.

하지만 곰곰이 생각해봅시다.

당신은 어떨 때 좋은 대화, 즐거운 대화를 나누었다고 생각하나요?

자신이 이야기를 많이 했을 때인가요?

상대의 이야기를 많이 들어줬을 때인가요?

아니면 서로 많은 이야기를 주고받았을 때인가요?

> "
> 이야기하는 것과 듣는 것의 비율은 중요하지 않습니다.
> "

자신이 많이 이야기하든 상대가 많이 이야기하든 상관없습니다. 서로 즐겁게 대화를 나누고 그 과정에서 고민이 해소되었다면 그것으로 충분합니다.

말을 거의 하지 않았는데도 기분이 편하고 좋은 대화도 있습니다.

대화에는 반드시 말하는 사람과 듣는 사람이 있습니다.

대화가 잘 풀리지 않는 이유는 말하는 사람이나 듣는 사람, 혹은 둘 모두에게 문제가 있기 때문입니다. 일반적으로는 '역시 말주변이 없으니까 그런 거지'라며 말하는 사람에게 문제가 있다고 이야기하는 경우가 많습니다. 하지만 사실은 듣는 사람이 더 중요합니다.

말주변이 없거나 내성적인 사람도 상대에 따라서는 평소보다 더 많은 이야기를 하기도 합니다. 또한 미리 이야깃거리를 준비하지 않아도 즐거운 대화를 나눌 수 있지요.

반대로 항상 현란한 언변으로 남들을 즐겁게 해주는 사람인데도 어색한 대화가 이어지는 순간이 있습니다.

시리나 알렉사가 듣는 사람이라면?

듣는 사람이 변하면 말하는 사람도 변합니다.

아무리 재미있게 말하는 달변가도 상대가 전혀 반응을 보이지 않는다면 평소처럼 이야기할 수 있을까요? 분명 당황해서 말을 버벅거리거나 의기소침해져서 말수가 줄어들 것입니다.

대화를 나누는 것과 다르지만, 개그맨은 그날 관객의 분위기 (반응이 좋은지 나쁜지에 따라)로 컨디션이 달라진다고 합니다. 듣는 상대가 얼마나 중요한지 알 수 있는 대목입니다.

극단적인 예를 들어 시리(Siri)나 알렉사(Alexa)와 같은 음성 어시스턴트를 상대로 대화를 나누는 상상을 해봅시다. AI 기술이 눈부시게 발달하긴 했지만 아직은 반응이 단조로워서 '말을 주고받는 재미가 없다'고 느낄 것입니다.

말하지 않고 대화를 이끌어나간다

가까운 사람에게도 말하지 못할 고민거리도 심리상담사나 스님, 신부님 등과 같은 사람 앞에서는 술술 이야기가 나오는 경우가 많습니다.

이런 특수한 위치에 있는 상대가 아니더라도 한 번쯤은 누군가와 대화를 나누고 '오늘은 말을 많이 했군', '수다를 꽤 많이 떨었네', '기분 좋은 대화였어' 등과 같은 느낌을 받아본 적이 있을 겁니다.

왜 그때는 별 부담 없이 편하게 이야기할 수 있었던 걸까요?

그것은 상대가 잘 들어줬기 때문입니다.

방송에서 개그맨이 사회를 보는 경우가 많은 이유는 그들이 '말하기 전문가'일 뿐 아니라 '듣기 전문가'이기 때문입니다.

그들을 주의 깊게 관찰해보면 말을 많이 하는 듯해도 사실 말하는 분량이 그리 많지 않습니다. 그리고 중요한 점은 자신의 이야기를 거의 하지 않는다는 것입니다. 그런데도 방송을 원활하게 진행합니다.

사회자는 상대의 이야기를 끄집어내거나 화제를 전환하는 역할을 하지만 기본적으로 '들어주는' 사람입니다.

대화를 컨트롤하는 쪽은 말하는 사람이 아니라 듣는 사람입니다.

상대가 잘 들어주는 사람이라면 언제나 즐거운 대화를 나눌 수 있습니다.

대화가 막히거나 잘 풀리지 않을 때는 무슨 말이라도 더 해야 한다는 생각에 억지로 애쓰는데, 이는 애초에 잘못된 생각입니다.

> **듣는 것만으로도 원활하게 대화를 나눌 수 있습니다.**

잘 들을 줄 아는 사람이 되면 자연스럽게 대화도 잘 나눌 줄 아는 사람이 됩니다.

저는 말을 거의 하지 않고도 상대와 어색하지 않게 시간을 보낼 수 있습니다. 말하지 않고 듣기만 하면 되니 얼마나 편한 지 모릅니다.

물론 들을 줄 아는 사람이 되려면 지금부터 소개하는 잘 듣는 법을 익혀야 합니다. 하지만 말을 잘하는 법을 익히는 것보다 쉬우니 걱정하지 않아도 됩니다.

말을 하려면 어떤 이야기를 할지 생각해야 하는 번거로움이 있지만 듣기는 그냥 귀 기울이기만 하면 됩니다. 잘 듣는 기술도 기본적으로 듣는 행위에 작은 기술을 살짝 가미한 것일 뿐입니다.

잘 듣는 기술을 익히면 말을 많이 하지 않고도 대화를 이끌어나갈 수 있습니다.

내 이야기를 들어줄 사람을 찾습니다

알고 보면 듣는 데 서툰 사람들

대부분의 사람들이 듣는 데 서툰 이유는 듣기보다 말하기를 더 좋아하기 때문입니다. 아마도 세상 사람들의 90퍼센트는 말하기보다 듣기가 더 서툴 것입니다.

SNS나 인터넷 뉴스의 댓글을 살펴봅시다. 수많은 사람들이 서로 이야기할 수 있는 공간을 찾아 헤매고 있다는 것을 알 수 있습니다.

술자리도 마찬가지입니다. 묵묵히 누군가의 이야기를 듣기보다 자신의 이야기를 하거나 대화를 주고받는 자리가 더 즐거워 보입니다.

아이는 무슨 일이 있을 때마다 '있잖아요, 있잖아요'라며 말하고 싶어서 보챕니다. 친구나 연인도 '내 말 좀 들어봐'라고 푸념을 늘어놓습니다. 시시콜콜 지적하는 것을 무척 좋아하는 상사도 있습니다.

우리는 왜 이렇게 말하고 싶어 하는 걸까요?

인간에게는 본능적으로 '상대가 나를 알아주기를 바라고 내 이야기를 들어주기를 바라는 욕구'가 있기 때문입니다.

이 욕구는 갓 태어난 아기 때부터 시작됩니다. 아기는 말을 할 줄 몰라도 울음이나 몸짓으로 자기 의사를 전달하려고 시도합니다. 자신을 알아주기를 바라는 것이죠.

말을 할 수 있게 되면 표현 방법도 한층 더 풍부해집니다.

오늘 있었던 일이나 갖고 싶은 것, 하고 싶은 일 등 맥락 없이 이야기를 주절거리는 이유는 알아주기를 바라고 들어주기를 바라기 때문입니다.

우리는 왜 자기 이야기를 할 때 신날까?

심리학자 에이브러햄 매슬로는 하위 단계의 욕구가 충족되어야 상위 단계의 욕구가 발현된다는 욕구단계설을 주장했습니다.

그에 따르면 인정받기를 바라는 '존경 욕구'의 전 단계가 알아주기를 바라고 들어주기를 바라는 '소속과 애정 욕구'에 해당합니다.

인간은 먼저 자신이 여기에 있어도 된다는 안전감, 즉 안심을 느끼기를 바랍니다. 그래서 자신이 여기에 있다는 것을 태어났을 때부터 호소하는 것입니다.

다만 어른이 되면 주변의 시선을 의식하느라 이런 호소가 줄거나 성격적으로 말수가 적어지기도 합니다. 그렇다고 해서 소속 욕구가 사라지는 것은 아닙니다. 어쩌면 우리 인간이 듣는 데 서툰 것은 어쩔 수 없는 일인지도 모릅니다.

하버드 대학교의 사회인지 및 감정신경과학 연구소는 "자신에 대해 이야기하는 것은 쾌락이다"라고 발표한 바 있습니다. 자기 자신에 대해 이야기할 때 인간의 뇌는 쾌락과 관련된 신경 영역이 활성화된다고 합니다.

그러고 보니 SNS가 유행하는 것도 이런 이유인 듯합니다. 자신을 지나치게 내보이는 것은 낯 뜨거운 일이기도 하지만 심리학적으로나 생리학적으로 어쩔 수 없는 당연한 욕구입니다.

사람의 본성이 원래 그렇다고 생각하고 넓은 마음으로 들어
주는 것이 이치에 맞는지도 모르겠습니다.

'잘 듣는 사람'의 몸값이 올라간다

사람이 근본적으로 말하기를 좋아한다고 해서 그냥 혼자 중
얼거릴 수는 없는 노릇입니다. 반드시 듣는 상대가 있어야 합
니다.

문제는 이야기를 제대로 들을 줄 아는 사람이 너무 부족한
실정입니다.

이런 대화를 해본 적은 없는지 한번 생각해봅시다.

말하는 사람 "내 이야기 한번 들어봐. 어제 이런 일로 선배에게 혼
났지, 뭐야. 좀 심하지 않아?"

듣는 사람 "그럼 다음부터 이렇게 해보는 건 어때? 아마 선배가 화
낸 이유는 말이야……."

말하는 사람 "아냐, 됐어. 관둬."

듣는 사람 "뭐? 기껏 생각해서 이야기했더니……."

그리고 이런 대화를 나눠본 적은 없나요?

말하는 사람 "이봐, 왜 이런 실수를 하는 거지?"

듣는 사람 "그게요, 저도 사전에 상대편에게 이메일을 보냈지만 실은 그 후에……."

말하는 사람 "뭐? 이메일? 그건 또 무슨 말이야. 그전에 확인할 방법이 있었잖아."

듣는 사람 "죄송합니다."

말하는 사람 "애초에 이메일 하나 딸랑 보내고 끝내려는 게 잘못이야. 그러니까 말이야……."

듣는 사람 "네."(물어보길래 대답한 것뿐인데……)

이런 경우는 들어야 할 입장에 있는 사람이 어느새 뭔가를 이야기하려고 해서 대화가 어긋나버린 것입니다. 말하는 사람의 입장에서 '내 말 좀 들어줘!'라는 불만이 생길 수밖에 없습니다.

그럼 한 가지 생각해봅시다. 요즘은 사람들이 '무엇을 이야기할까?'에 의식을 집중하기 때문에 말하는 사람이 지나치게 많은 공급과잉 상태입니다. 말하는 사람과 듣는 사람의 수급 균형이 무너진 셈이죠.

그렇다면 잘 듣는 방법을 몸에 익히고 '들을 줄 아는 사람'이 되기만 하면 매우 희소성이 높은 귀중한 인재가 될 수 있습니다.

들어준다는 것은 곧 알아준다는 것

그저 이야기를 들어주기만 하면 된다는 발상이라면 개나 고양이와 같은 반려동물도 괜찮고, 극단적으로 말해 인형을 앞에 두고 말해도 괜찮지 않겠냐고 말하는 사람들이 있을 겁니다.

하지만 반려동물이나 인형에게 말하면 응어리진 마음을 풀거나 위안을 받을 수 있을지는 몰라도 인간이 말을 하는 목적 중에 하나인 '소속 욕구'를 채울 수는 없습니다.

> **"**
> 소속 욕구는 오직 인간을 통해서만 충족할 수 있습니다.
> **"**

대화 상대가 바라는 것은 '수용, 공감, 자기일치'입니다.

심리상담은 내담자가 스스로 해결할 수 있도록 돕는데, 그러기 위해서는 자신의 존재를 받아주고(수용), 마음을 알아주며

(공감), 자기 생각을 정리(자기일치)하는 단계를 거쳐야 합니다.

수용, 공감, 자기일치가 충족되어야 비로소 자기 스스로 해결할 수 있기 때문입니다.

이 3가지는 반려동물도 아니고 인형도 아닌 인간에게서만 충족할 수 있습니다.

듣는 상대가 말이 통하지 않는 반려동물이나 어떤 반응도 없는 인형이라면 아무리 많은 이야기를 해도 '인정받고 있다는 기분이나 마음을 알아준다는 느낌', 즉 소속 욕구가 충족된다는 감정을 느낄 수 없습니다.

반려동물이나 인형에게 말을 거는 행위는 심리적으로 자신과 대화하거나 자신의 생각을 노트에 적어보는 행위와 비슷하기 때문에 자신을 파악하는 데 도움이 됩니다. 하지만 '자기 생각을 정리'할 수는 있어도 스스로 자신을 받아들이는 것(자기 수용)에 도달할 수는 없습니다.

자기 자신을 수용하려면 타인의 수용이 필요합니다.

왜냐하면 다른 사람에게 인정받아야 비로소 자신의 존재를 스스로 인정할 수 있기 때문입니다. 다른 사람이 '자신의 존재를 인정한다', '자신의 마음을 알아준다'는 편안한 마음이 없다면 자신을 돌볼 생각을 하지 못합니다.

이런 생각을 해본 적이 없다는 사람도 있을지 모르겠습니다. 그렇다면 자신을 받아들여 주는 사람이 가까운 곳에 항상 있을 가능성이 매우 높습니다.

당신의 이야기를 들어줄 사람이 있나요?

어떤 이야기도 들을 준비가 되어 있는 사람

지금까지 이야기를 듣는 게 얼마나 중요한지 설명했습니다. 그런데 '아직 잘 모르겠지만 상대의 이야기를 들어주는 것은 참 피곤한 일인 것 같다'라는 생각이 들 것입니다.

실제로 이런 사람이 있었습니다.

"회사에서 온갖 고민을 상담하는 후배가 있습니다. 아주 성실해서 저도 좋아하는 후배이지만 어떨 때는 좀 지나치다 싶은 생각이 들어요. 일이 힘들어 죽겠다는 둥 자신이 얼마나 한심한 인간인지 모르겠다는 둥, 만날 이런 부정적인 이야기만 늘어놓으니 솔직히 듣고 있으면 피곤해요. 저도 나름대로 격려도

하고 조언도 하는데 오히려 더 주눅 들게 만드는 것 같기도 하고……. 아무튼 이야기를 듣고 있으면 나까지 기분이 처져요. 하지만 후배가 먼저 이야기 좀 하자고 하면 거절하기도 애매해서 어쩔 수 없이 계속 듣고 있어야 해요. 이런 상황에서 벗어나고 싶은데 어떻게 해야 할지 모르겠어요."

이런 일은 아주 흔한 상황입니다.

> "
>
> 이야기를 잘 들으려면 무엇보다
> 피로감을 최소화하는 것이 가장 중요합니다.
>
> "

듣는 것에 전문가인 심리상담사도 남의 이야기를 장시간 듣다 보면 녹초가 되곤 합니다.

그래서 심리상담사가 내담자의 이야기를 듣는 시간은 길어야 회당 1시간 내외로 설정합니다. 그 정도가 한계이기 때문입니다.

물론 좋아하는 사람과 대화를 나누거나 평소에 관심을 가졌던 강연 또는 재미있는 토크쇼라면 장시간 들어도 별로 피곤하지 않습니다.

하지만 일상적인 만남에서 이루어지는 대화가 늘 재미있을 수는 없습니다. 매사에 불평불만을 늘어놓거나 시종일관 무거운 고민이라든지 고충에 관한 이야기가 이어지는 경우도 많으니까요.

이런 이야기는 열심히 들을수록 피곤해집니다. 엄연히 나와는 아무 상관 없는 상대의 문제이지만 이야기에 몰입하다 보면 자신의 일처럼 느껴져 심적으로 영향을 받기 때문입니다.

그래서 지치지 않고 듣는 기술 한 가지를 소개해볼게요.

최근에는 코로나19의 유행으로 커뮤니케이션의 단절과 국제 정세를 둘러싼 부정적인 뉴스, 유명인의 비보 등으로 정신적 피폐를 호소하는 사람들이 적지 않습니다. 누구에게라도 이야기하고 싶은데 들어줄 사람이 없다는 것입니다.

이는 사회가 해결해야 할 문제이면서 동시에 개인이 해결해야 할 문제라고 생각합니다. 예를 들어 당신이 가족이나 친구, 연인, 동료 등에게 '이야기를 잘 들어주는 사람'으로 인식되어 있다면 문제를 해결하는 데 큰 힘이 될 수 있을 것입니다.

이를 위해서라도 많은 사람들이 듣기의 중요성과 그 기술을 터득해서 활용하기를 바랍니다.

내 말을 잘 들어주세요

대화에서 주인공은 누구인가?

다시 한 번 말하지만 대화를 이끌어나가는 것은 말하는 사람이 아니라 듣는 사람입니다. 다만 대화의 주인공은 듣는 사람이 아니라 어디까지나 말하는 사람입니다.

이 사실을 착각하면 다음 장에서 소개하는 '들을 줄 모르는 사람'이 되고 맙니다.

말하는 사람은 하고 싶은 이야기를 할 수 있어서 기분이 좋고, 대화 전체를 지배하고 있다는 생각에 만족합니다. 하지만 대화를 이끌어나가는 것은 듣는 사람입니다. 이것이 바로 '잘 듣는' 기술입니다.

스님의 설법이나 유명인의 강연회와 달리 대화는 일방적으로 듣고 있을 수만은 없습니다. 상대가 대부분 이야기하고 있을지라도 기분 좋게 계속 이야기할 수 있도록 가벼운 맞장구나 반응을 해줘야 합니다.

그렇지 않으면 상대는 '이야기가 재미없나?', '뭐야! 듣고 있는 건가?' 하고 초조해하거나 기분이 나쁠 수 있습니다.

기분 좋게 이야기할 수 있는 반응

어렵게 생각할 필요 없습니다.

어떤 일이나 어떤 사람 때문에 화가 났다고 이야기하면 '그것 참 열 받겠군' 하고 맞장구치면 됩니다. 뭔가를 자랑하면 '그것 참 멋지군' 하고 반응해주면 됩니다. 이렇게만 하면 상대는 기분 좋게 이야기를 계속하게 될 것입니다.

잘 듣는 데 뛰어난 사람은 테니스 코치와 같습니다.

테니스 코치는 스트로크도, 발리도, 스매시도 치기 좋게 공을 보냅니다. 그러면 상대는 기분 좋게 공을 치고 만족합니다. 이와 마찬가지로 듣는 사람도 말하는 사람이 기분 좋게 이야기할 수 있도록 적절히 반응해주는 것입니다.

> **상대가 어떤 문제를 가지고 상담을 하든 속마음을 터놓는 것이든 기본은 적절한 반응을 해주는 것입니다.**

'해결책을 알려주세요', '조언해주세요'라고 구체적으로 요청하지 않는 한 상대는 그저 들어주기만을 바랍니다. '실은요⋯⋯', '고민이 있는데요⋯⋯'라고 말해도 그것은 '내가 하는 말을 잘 들어주세요'라는 의미입니다.

듣는 사람은 상대가 기분 좋게 '대화의 공'을 칠 수 있도록 적절한 반응을 보이기만 하면 됩니다. 그러면 상대는 안심하고 편안하게 이야기를 계속 이어나갈 것입니다.

잘 들어주면 상대는 기분 좋게 이야기할 수 있습니다.

아무리 언변이 뛰어난 상대와 이야기를 나눠도 분위기가 어색할 수 있습니다. 잘 들을 줄 모르는 상대와 이야기를 나누기는 힘들지요. 테니스 코치가 치기 어려운 방향으로 공을 보내거나 강력한 스매시만 하면 기분 좋은 랠리가 이어지지 않는 것과 마찬가지입니다.

말하지 않을 준비를 합니다

묻지(ask) 말고 들어야(listen) 한다

심리상담사인 저는 듣기 전문가입니다. '심리상담사를 시작할 때부터 남의 이야기를 잘 들었나요?'라고 물으면 대답을 망설이게 됩니다.

물론 저는 내담자의 이야기를 진지하게 귀담아들었고 도움이 되고자 하는 열망도 강했습니다.

지금 생각해보면 도움을 주는 방법이 조금 잘못되었기 때문에 자신 있게 '네'라고 대답하지 못한 것 같습니다.

다시 말해 내담자의 이야기를 들어줘야 하는데도 자꾸 말하려고 애썼습니다.

'듣다'는 뜻의 일본어 '키쿠(聞く)'에는 2가지 의미가 있습니다.

하나는 문자 그대로 '듣다'는 뜻으로 영어의 'listen'에 해당합니다. 다른 하나는 '묻다'는 뜻으로 영어의 'ask'에 해당합니다.

둘 다 결과적으로 '듣는 행위'로 귀결되지만 말하는 사람과 듣는 사람 중에 어느 쪽이 주인공인가에 따라 차이가 있습니다. 'listen'은 말하는 사람이 주인공이고 'ask'는 듣는 사람이 주인공입니다.

'묻다'는 듣는 사람의 의도가 반영되기 때문에 듣는 사람이 주인공입니다. 묻는 내용에 따라 말하는 사람의 이야기 주제가 달라집니다.

상대가 하고 싶은 이야기와 동떨어진 내용만 계속 물어보면 상대는 만족감을 느낄 수 없습니다.

잘 듣는 사람은 'listen'을 하는 것입니다.

그런데 저는 'listen'을 잘 못 했습니다.

심리상담사를 처음 시작했을 때는 내담자의 고민이나 상담을 '해결해주는 역할'을 해야 한다고 생각했습니다.

고민이나 상담을 듣기만 하는 것은 기꺼이 시간과 돈을 내고 방문한 내담자의 입장에서 일종의 직무유기 같았습니다. 내담자가 고통에서 벗어날 수 있도록 해결책을 제시하는 것이 심리상담사가 해야 할 일이라고 생각했습니다.

그러다 보니 상대가 주인공이어야 하는데 제 머릿속은 나 자신의 일로만 가득했습니다.

'어떻게 하면 내담자의 질문에 해답을 줄 수 있을까?'

'어떤 조언을 해야 납득할까?'

'좋은 아이디어가 없을까?'

상대에게 어떤 이야기를 해줘야 할지만 생각했습니다.

저는 내담자의 이야기를 들으면서도 실제로는 듣지 않았던 것입니다.

게다가 내담자의 이야기를 듣는 시간보다 제가 말하는 시간이 더 길었습니다. 그러다 보니 저는 '좋은 조언을 했다'는 만족감을 느꼈지만 정작 내담자는 아무런 만족을 느끼지 못했습니다.

애써 말하려고 했던 게 오히려 잘못이었습니다.

내담자는 한정된 시간 내에 자신의 이야기를 많이 들어주기를 바랍니다.

지금 돌이켜보면 그때 다른 사람이 안고 있는 문제를 모조리 해결해줄 수 있다는 자신감이 어디서 나왔을까요? 지금 생각하면 그 오만함에 부끄럽기까지 합니다. 대화의 주인공은 어디까지나 말하는 사람입니다. 그리고 듣는 사람은 말하는 사람을 돕는 역할을 해야 합니다.

'무엇을 말할까?'보다 '무엇을 들을까?'

이런 경험을 통해 깨달은 것이 있습니다. 대화를 준비할 때 필요한 것은 '무엇을 말할까?'가 아니라 '무엇을 들을까?'입니다.

지금까지 몇 차례 설명했듯이 상대의 이야기를 듣고 있노라면 점점 자기 이야기를 하고 싶어집니다. 그러다 어느새 '다음에 무슨 이야기를 하지?'라고 생각하고 있는 자신을 발견하게 됩니다. 결국 상대의 말을 들어주는 데 실패하고 맙니다.

상대의 말을 잘 들어주려면 '무엇을 말하지 않을까?'를 생각하는 것이 좋습니다.

듣는 것에 익숙해지기 전까지는 다음과 같은 준비를 해보는 것이 어떨까요?

- 조언하지 않기
- 자신의 경험을 말하지 않기
- 자신의 의견을 말하지 않기
- '그런데 말이야……'라고 말하지 않기

물론 '조언이 필요해요'라고 요청할 때는 그에 상응하는 답을 하면 됩니다.

이는 수용과 공감을 위한 기본 중의 기본이므로 반드시 의식하지 않으면 자신도 모르게 입을 열고 맙니다. 그렇게 되면 결국 대화의 심리적 안전감이 서서히 떨어져서 상대가 편안하게 이야기할 수 없습니다.

그럼 이제부터 '잘 들을 줄 모르는 사람'의 전형적인 패턴을 알아보겠습니다.

HEAR

뭔가를 알려주려고 하는 사람
자기 의견부터 말하는 사람
그리하여 상대가 말할 기회를 뺏는 사람

PART
02

말하지 마라,
사람들이 먼저 다가오게 하려면

당신은 잘 들어주는 사람인가요?

이야기를 들을 때 뇌는 한가하다?

사람의 뇌는 상대가 말하는 속도보다 더 빠르게 정보처리를 합니다.

예를 들어 프레젠테이션 발표 현장을 떠올려봅시다. 대부분 발표하기 전에 받은 자료를 실제로 발표하는 속도보다 빠르게 읽어나갑니다. 아직 발표가 끝나지 않았는데도 대략적인 내용을 파악하고 프레젠테이션이 빨리 끝나기를 기다립니다.

사람이 말하는 속도와 뇌가 처리하는 속도에 차이가 있다는 의미입니다.

그래서 뇌는 여유분의 처리 능력으로 다른 것을 생각하기 시작합니다. 발표를 들으면서 '제안을 받아들일까?', '뭐라고 거절하지?', '다음 회의 때는 어떻게 하지?'와 같은 생각을 할지도 모릅니다.

부정적인 의도를 가지고 일부러 그러는 것이 아니라 단지 뇌의 여력이 있기 때문입니다.

요즘은 전반적으로 '알고 싶은 것만 듣는' 커뮤니케이션에 익숙해서인지 상대의 이야기를 듣는 데 어려움을 느끼는 사람들이 많습니다.

알고 싶은 것만 듣는 커뮤니케이션

'시크바 없는 동영상은 못 보겠어'라는 댓글을 발견하고 세상이 참 많이 변했다고 실감했습니다.

시크바(seek bar, slider bar)란 동영상 화면 아래 표시되어 있는 재생 위치를 조정하는 기능을 합니다. 바를 원하는 위치에 놓고 탭을 하면 거기서부터 영상이 재생됩니다.

요즘에는 동영상을 2배속으로 시청하는 사람도 많습니다. 영화 한 편을 간략하게 축약한 동영상이 유행하기도 했습니다.

책을 요약해주거나 해설해주는 콘텐츠가 인기를 끌고 노래의 인트로도 점점 짧아지고 있습니다.

드넓은 정보의 바다를 헤쳐나가기 위해서는 이와 같은 효율화와 빠른 속도가 반드시 필요해 보이기도 합니다.

그런데 사람과 커뮤니케이션은 다른 문제가 아닐까요?

남의 이야기를 들을 때 '요점만 간단히', '결론만 말해주지'라고 생각하는 것은 단지 정보를 얻을 목적으로 만나는 경우에 해당합니다. 인간관계를 쌓을 목적이라면 이렇게 생각해서는 안 되겠죠.

상대가 이야기하는 것을 끝까지 듣지도 않고 '무슨 말인지 알았어'라고 지레짐작하면서 상대의 말을 끊고 끼어들거나 의견을 제시하고 싶은 마음이 앞서는 것이야말로 잘 듣지 못하는 원인입니다.

이야기를 들을 줄 모르는 사람, 자기 이야기만 하는 사람이 되지 않도록 주의해야 합니다.

뭔가를 알려주고 싶어도 참으세요

서로 이야기를 나누다 상대가 실패담이나 후회, 고민거리를 말하면 자신도 모르게 충고하는 사람이 있습니다.

"○○건을 잘못 처리해서 상사에게 혼났어요."

"○○건이라면 내가 알려줄게요. 일단은요."

상대는 해결책을 원한다는 말도 하지 않았습니다. 그저 '힘들었겠네요'라는 한마디가 듣고 싶은 것뿐입니다. 하지만 선생님 유형은 상대의 마음을 헤아리지 못하고 충고부터 하기 시작합니다. 게다가 쉽게 설명하겠다며 이런저런 비유나 예시를 들어 이야기가 점점 더 길어집니다.

이처럼 뭔가를 알려주고 가르치려 드는 선생님 유형의 머릿속은 '상대의 이야기를 듣기보다 뭔가 알려주고 가르쳐줄 건 없을까?' 하는 생각뿐입니다.

'어떻게 하면 좋은 충고를 할 수 있을까?'를 신경 쓰느라 상대의 이야기에 귀를 기울이는 데는 소홀할 수밖에 없습니다.

상대의 말을 평가하지 마세요

상대가 이야기하는 내용이 자신의 의견과 다르거나 비상식적 또는 황당무계하다고 생각하면 자신도 모르게 참견하는 사람이 있습니다.

"○○는 차게 해서 먹는 게 맛있어요."

"그래요? 상온에서 먹는 게 더 맛있던데……."

이러한 심판 유형은 상대의 견해가 자신의 가치관이나 판단 기준과 다르면 민감하게 반응합니다. 그러다 보면 갑자기 부정하거나 반대 의견을 퉁명하게 내뱉는 경향이 있습니다.

토론하는 자리라면 몰라도 일상적인 대화에서 이런 식으로 말하면 상대가 기분이 상할 수 있습니다. 이런 반응을 보이면 더 이상 대화를 나누고 싶지 않은 것이 인지상정입니다.

매번 이런 식으로 말하는 사람은 '자기만 옳다고 생각하는구나'라고 생각하게 됩니다. 이야기를 들어줄 상대로 부적합한 것이죠.

잘 듣는 사람은 어떤 내용이든 일단 상대의 이야기를 받아들이고 나서 대화를 시작합니다.

굳이 설명 따위 필요 없어요

아! 그건 내가 설명해줄게!
그건 말이야, 이런 거야!

묻지도 않고 원하지도 않았는데 뭐든 설명하기를 좋아하는
사람이 있습니다.

"어젯밤에 ○○씨에게 전화가 왔어요."

"○○○씨는 말이에요. 당신이 신입사원일 때 말이죠……."

상대는 고민 상담이나 오늘 겪은 비상식적인 일에 대해 하소연하고 싶은데 해설가 유형은 상대의 이야기를 듣다가 중간에 끊고 시시콜콜 설명하기 시작합니다. 결국 상대는 끝내 하고 싶은 이야기를 못 하거나 긴 설명에 지쳐 이야기할 의욕을 잃어버립니다.

쇼핑할 때 제품 소개가 장황하거나 알고 싶지 않은 정보까지 설명하는 점원이 있습니다. 이런 해설가 유형은 말하는 사람의 입장에서 보면 귀찮은 존재와 다름없습니다.

궁금한 것이 있어도 참으세요

그래서?

아까 그 이야기는 뭐야?

호기심이 왕성한 것은 좋지만 흥미롭거나 궁금한 점이 있으면 집요하게 파헤치며 질문하기 좋아하는 사람이 있습니다.

"일주일 전에 어머니가 입원했어요."

"어디 병원요? 그 병원은 어때요? 퇴원은요? 입원비는?"

상대를 위로한다거나 어느 선까지 이야기하고 싶은지는 안 중에도 없고, 자신이 궁금한 것을 모조리 알아내려고 질문을 쏟아냅니다. 한두 개의 질문은 괜찮지만 무작정 질문을 쏟아내면 상대는 '내 이야기가 아니라 자기가 궁금한 걸 알고 싶을 뿐이구나' 하고 생각하게 됩니다. 결국은 마음이 상해서 이야기할 기분이 나지 않죠.

집요하게 질문이 이어지면 마치 취조당하는 듯한 기분마저 듭니다.

게다가 이야기하는 도중에 끼어들어 의미심장한 질문을 하면 '아무래도 이 사람은 다른 데 가서 내 이야기를 떠벌리고 다닐 것 같다'는 의심이 생깁니다. 이런 기자 유형의 사람과 더이상 대화를 나누고 싶지 않을 것입니다.

눈앞에 있는 사람에게 관심을 가져보세요

자신에게는 재미있지도 않고 관심도 없는 이야기는 처음부터 들으려 하지 않고, 상대가 말하는 동안 다른 생각을 하거나 자기가 말할 순서에 무슨 이야기를 할지 미리 생각하느라 바쁜 사람이 있습니다.

"아침에 신기한 일이 있었어요……."

"그랬어요?"

"아침에 일어났더니 화분에 꽃이 피어 있지 뭐예요."

"그런데요. 어제 말이에요……."

누구든 상대가 자기 이야기에 흥미 없는 듯한 반응을 보이면 이야기할 기분이 나지 않습니다. 이런 경우 점점 말수가 줄어들고 불편한 심기를 드러내는 사람도 있습니다. 상대의 무관심에 이야기할 의욕이 나지 않았던 경험이 있을 것입니다.

남의 이야기에 무관심한 유형은 애초에 들을 생각이 없기 때문에 이야기를 들을 줄 모르는 게 당연합니다.

누구에게나 귀를 열어주세요

이 사람 이야기는 귀담아듣고 저 사람 이야기는 듣지 않는다는 식으로 상대에 따라 입장을 바꾸는 사람이 있습니다.

'항상 깔끔하고 청결한 선배가 하는 말은 귀담아듣는 것이 좋겠지.'
'머리가 푸석푸석하고 칠칠치 못한 선배 말은 들을 필요 없어.'

'말씨가 부드러운 상사의 말이니 들어보자.'

'고압적인 상사의 말은 듣기 싫어.'

과연 자신에게 도움되는 이야기를 해주는 사람은 청결한 사람일까요? 칠칠치 못한 사람일까요? 말씨가 부드러운 사람일까요? 고압적인 사람일까요? 직접 이야기를 나눠보지 않으면 절대 알 수 없습니다.

외모나 소문, 성격 등에 대해 선입견을 갖고 이야기를 귀담아들을지 말지를 결정하는 것은 자신에게도 아무런 이득이 되지 않습니다.

듣고 있는 척하지 마세요

말주변이 없거나 내성적인 사람은 상대가 무슨 말을 해도 묵묵히 듣고 있는 경우가 많습니다. 다정한 성격인 사람도 말하기 좋아하거나 수다스러운 상대의 이야기를 주로 듣는 역할을 합니다.

"일전에 ○○씨에게 잔소리를 들었지 뭐예요."

"……."

"내 잘못도 아닌데 ○○씨는 뭔가 크게 오해하고 있어요."

"……."

사람 좋은 유형은 즐거운 이야기를 나눌 때는 잘 들어주는 것처럼 보입니다. 하지만 상대의 불평이나 불만이 계속되면 이런저런 생각에 빠져 혼란스러워하고 힘들어합니다. 매사에 너무 진지하게 생각하느라 상대의 말을 귀담아듣지 못하는 것입니다.

이런 상황이라면 듣고 있는 듯 보이지만 사실은 듣지 않는 것과 다름없습니다.

열심히 듣기만 해서는 안 됩니다

대화를 방해하는 멘탈 노이즈

상대의 이야기를 들을 줄 모르는 사람의 7가지 특징을 알아보았습니다. 주변에 이런 특징을 가진 사람이 있는지 생각해봅시다. 한 가지가 아닌 여러 가지 유형이 복합적으로 나타나는 사람도 있습니다.

평소에 말하기를 좋아하거나 항상 자신만 이야기한다고 생각하는 사람은 선생님, 심판, 해설가, 기자 유형 중 하나일 가능성이 큽니다.

상대의 이야기를 들을 줄 모르는 사람의 또 다른 특징은 '진지한 유형'입니다.

진지한 사람은 상대의 이야기를 열심히 들으려고 하는 나머지 오히려 들을 줄 모르는 사람이 되어버립니다. 원인은 '멘탈 노이즈'입니다.

멘탈 노이즈(mental noise)란 말이나 행동에 무의식적으로 영향을 주는 심리적 버릇을 뜻합니다. 멘탈 노이즈의 종류는 매우 다양한데 대표적으로 다음 5가지가 있습니다.

- **완벽주의 노이즈**
- **시간은 돈이다 노이즈**
- **접대 노이즈**
- **파이팅 노이즈**
- **바른 생활 노이즈**

각각의 노이즈는 대화에 어떤 영향을 미칠까요?

사소한 것까지 완벽을 추구하는 '완벽주의 노이즈'가 있으면 가벼운 대화에도 신경이 곤두설 수 있습니다. 상대를 염려하는 마음이 커서 말할 때 신중해지기 때문입니다.

매사에 급한 성향을 보이는 '시간은 돈이다 노이즈'가 있으면 대화도 서두르게 됩니다. 상대는 자신의 속도로 이야기하지 못해 곤혹스럽습니다.

남을 기쁘게 해주어야 한다고 생각하는 '접대 노이즈'가 있으면 항상 과도한 반응을 보입니다. 분위기를 띄우는 효과가 있지만 상대가 바라지 않으면 역효과입니다.

노력하는 게 당연하다고 믿는 '파이팅 노이즈'가 있으면 대화할 때도 최선을 다하기 때문에 질문이 많습니다. 너무 많은 질문을 쏟아내면 상대는 피곤할 수밖에 없습니다. 또한 '파이팅 노이즈'는 자신뿐만 아니라 상대에게도 노력을 강요합니다. 그냥 이야기만 들어주면 되는데 매번 노력하라고 지적하기 때문에 상대는 혼나고 있다는 기분이 들기 십상입니다.

바르게 살아야 한다고 믿는 '바른 생활 노이즈'가 있으면 '파이팅 노이즈'와 마찬가지로 자신뿐만 아니라 상대에게도 바른 생활을 강요합니다. 그래서 쓸데없이 충고를 많이 합니다.

어떤 멘탈 노이즈가 됐건 들을 줄 아는 사람이 되는 것을 방해합니다. 특히 진지한 사람에게는 이런 노이즈가 마음속 깊이 뿌리내리고 있을 가능성이 큽니다. 상대를 위하는 마음이 오히려 상대가 이야기하기 힘들게 하는 원인이 될 수도 있으니 주의해야 합니다.

자기긍정감이 낮으면
남의 말이 들리지 않아요

대화를 성공과 실패로 여기는 사람

자기긍정감이 낮은 사람도 상대의 이야기를 잘 들을 줄 모릅니다. 자기긍정감이 낮으면 잘 들을 줄 아는 사람이 되기가 좀처럼 쉽지 않은 것이죠.

자기긍정감이 낮은 사람은 무슨 일을 해도 자신 없고 할 수 없다고 생각합니다. 눈앞에 성과가 보이지 않으면 자신을 쉽게 믿지 않습니다.

단지 상대와 이야기를 주고받는 것으로 끝나는 대화는 성과가 바로 나타나지 않습니다.

특히 상대가 고민 상담을 원해서 이야기를 들어주었다 하더라도 정말로 도움이 되었는지 알 길이 없습니다. 상대가 '들어 줘서 고마워요'라고 인사해도 왠지 마음이 찜찜합니다.

자기긍정감이 낮은 사람은 조언하는 데 서툴기 때문에 '아무 것도 해준 게 없구나'라고 죄책감을 느끼기 쉽습니다. '어떤 도움도 되지 않는다'고 생각하는 것이죠.

이런 사람들은 실질적인 성과가 없는 대화는 아무런 가치가 없다고 여깁니다. 이야기를 들어주는 행위는 아무 의미가 없다고 느끼는 것입니다. 더 나아가서는 실패했다는 기분에 사로잡히기도 합니다.

자기긍정감이 낮은 사람은 대화를 나눌 때마다 이런 패배감이 반복됩니다. 그래서 상대의 이야기를 듣는 데 소극적입니다.

HEAR

적당한 거리에서 가만히 귀 기울이는 사람
섣불리 가르치려 들지 않는 사람
그리하여 상대가 스스로 해결책을 떠올리게 하는 사람

조언하지 마라,
상대가 원하는 것을 먼저 말하기 전까지는

너무 가까워도 너무 멀어도 듣지 못합니다

귀 기울이기 딱 좋은 거리

상대의 이야기를 잘 들어주는 데도 기술이 필요합니다. 심리 상담사는 그러한 기술을 가지고 있기에 어떤 내담자를 만나든, 어떤 내용의 이야기든 묵묵히 귀 기울여 듣습니다.

잘 듣는 법을 정리하면 다음 3가지입니다.

- 안심하고 이야기할 수 있는 신뢰 관계를 만드는 기술(수용, 공감)
- 속마음을 털어놓게 만드는 기술(자기일치)
- 지치지 않고 듣는 기술

먼저 '안심하고 이야기할 수 있는 신뢰 관계를 만드는 기술' 부터 살펴보겠습니다.

대화할 때는 말하는 사람과 듣는 사람의 거리감이 매우 중요합니다. 여기서 말하는 거리란 심리적 거리를 뜻합니다.

마음을 열 수 있을 정도로 다가가지 않으면 상대는 이야기를 꺼내지 않습니다. 반대로 상대에게 지나치게 다가가면 오히려 마음을 닫고 이야기하지 않습니다.

보통은 상대를 이해한답시고 불쑥 다가가는 경우가 많습니다. 하지만 잘 들어주는 사람은 항상 너무 가깝지도 않고, 너무 멀지도 않은 적당한 거리감을 잘 유지할 줄 압니다.

'나도 알아요'라고 말하지 마세요

섣불리 해서는 안 되는 말

듣는 사람 "무슨 일 있으세요? 안색이 안 좋아 보이네요."

말하는 사람 "네, 키우는 강아지가 아파서 정말 우울해요. 이렇게 힘들 줄 몰랐어요."

듣는 사람 "아, 맞아요. 그 마음 저도 알아요."

말하는 사람 "회복이 안 될지도 모른다고 생각하면⋯⋯."

듣는 사람 "네, 알 것 같아요. 저도 예전에 키우던 강아지가⋯⋯."

위의 대화는 특별히 문제없어 보입니다. 하지만 조금 위화감을 느끼는 사람도 있습니다.

'나도 알아요'는 상대에게 다가가려는 마음이 앞선 나머지 자신도 모르게 튀어나오는 말입니다. 하지만 잘 들을 줄 아는 사람은 '나도 알아요'라는 말을 절대 하지 않습니다. 왜냐하면 상대의 심정을 알 리가 없기 때문입니다.

오랜 친구 사이라면 몰라도 특히 이제 막 신뢰 관계를 쌓아가는 단계에서 섣불리 하기에는 위험한 말입니다. 상대가 마음의 문을 서둘러 닫을 수도 있기 때문입니다.

상대는 마음속으로 '어떻게 그렇게 쉽게 알 수 있지?', '나에 대해 뭘 안다고 그러지?'라고 생각할지 모릅니다.

또한 '저도 예전에……'라며 자신의 이야기를 꺼내는 것도 좋지 않습니다. 남의 말을 듣지 않는 사람, 자기 이야기만 하고 싶어 하는 사람이라는 인상을 주기 십상입니다.

수용하고 공감하는 모습을 보여주고 싶다면 '그렇군요', '힘드시겠군요' 정도가 무난합니다. 상대의 말을 그대로 받아들이는 것이 좋습니다.

사람은 각자 '말의 지도'가 있다

상대의 이야기와 비슷한 경험을 한 적이 있다면 '나도 알아요'라고 말하고 싶어집니다. 하지만 그것은 지식과 경험의 덫입니다. '내 나름대로 상상이 간다'는 정도라고 해야 정확할 것입니다.

그럼 질문을 하나 하겠습니다.

당신은 '반려동물'이라는 단어를 들으면 무엇이 떠오르나요? 자신이 기르는 개나 고양이의 모습인가요? 아니면 반려동물과 함께했던 추억인가요? 혹은 반려동물을 소재로 한 영화나 애니메이션이 떠오를지도 모르겠습니다.

이처럼 하나의 단어에서 연상되는 이미지는 사람마다 다릅니다. 상대가 떠올리는 것과 자신이 떠올리는 것도 다르겠죠.

아무리 친한 사이이고 같은 환경에서 생활하는 관계라고 해도 완전히 같을 수는 없습니다. 나이나 성별, 태어난 곳이나 자란 곳, 좋아하는 것과 싫어하는 것까지 모두 같은 사람은 없습니다.

당신과 완전히 똑같은 인생을 살아온 사람은 이 세상에 존재하지 않으니까요.

우리 머릿속에는 태어난 이후로 줄곧 경험을 통해 얻은 막대한 단어와 그것과 연관된 이미지가 축적되어 있습니다. 그것을 '말의 지도'라고 합니다.

그리고 대화를 나눌 때는 상대의 말을 자신이 가진 말의 지도에서 선택하여 이미지화합니다. 다시 말해 상대의 말을 자기 나름대로 번역하여 이해하는 것입니다. 그런데도 다음과 같이 쉽게 맞장구칩니다.

"당신 마음이 어떤지 잘 알겠어요."
"무슨 말이 하고 싶은지 잘 알겠어요."

우리는 상대를 이해한다는 말을 쉽게 하지만 어쩌면 잘못 해석할 가능성이 있습니다.

이처럼 말의 지도가 서로 다른데도 상대의 이야기를 100퍼센트 이해한다고 여기는 것은 잘못된 생각입니다.

상대를 '알고 있다는 생각'을 버려라

친한 사이일수록 잘 알고 있다는 착각으로 인해 문제가 일어나기 쉽습니다.

　오래 사귄 사람일수록 상대를 잘 알고 있다는 착각에 빠지기 마련입니다. 이야기를 끝까지 다 듣지도 않고 알겠다는 식으로 도중에 이야기를 끊어버릴 때도 있습니다.

　당신은 연인이나 자식과 같이 소중한 사람들이 좋아하는 것과 싫어하는 것, 하고 싶은 일과 하기 싫은 일을 100퍼센트 안다고 장담할 수 있나요? 그렇지 않을 겁니다. 저도 제 아이를 100퍼센트 이해하지 못합니다.

> " 듣는 사람은 상대를 100퍼센트 이해하지 못한다는
> 전제를 갖고 대화해야 합니다. "

　굳이 '나도 알아요'라는 말을 해서 상대가 오히려 마음의 문을 닫을 수 있는 위험을 초래할 필요는 없습니다.

해결해달라는 뜻이 아닙니다

알려주고 싶은 마음을 억눌러라

심리상담사는 상대가 안심하고 이야기할 수 있도록 항상 '러닝(learning)'이라는 키워드를 의식합니다. 티칭(teaching)도 아니고 코칭(coaching)도 아닌 러닝입니다.

잘 듣는 사람은 어떤 상대와 대화를 나누더라도 '배우자'라는 마음을 잃지 않습니다.

어째서 충고하고 싶어지는 걸까?

어째서 해결 방법을 묻지도 않았는데 가르치고 싶은 걸까?

어째서 자신의 의견과 다르면 고치고 싶어지는 걸까?

이런 심리는 상대와 관계에서 비롯되는 것입니다. 대화 상대와 상하 관계라고 생각하면 잘 듣지 못하는 사람이 됩니다.

예를 들어 상담할 때는 상담받는 사람(고민이 있는 사람)이 아래이고 상담해주는 사람이 위라고 생각하기 십상입니다. 심리 상담사로 일하기 시작했을 무렵에는 저도 그렇게 생각했을지도 모릅니다.

이런 심리가 작용하면 상대를 자기 아래로 보게 됩니다. 자신이 상대보다 '위'라는 의식이 없고 상대를 위한다는 마음뿐이어도 '가르쳐준다', '해결해준다'는 생각이 밑바탕에 깔려 있기 쉽습니다. 말하자면 티칭이나 코칭을 해야 한다고 착각하는 것이죠.

상담이나 고민이 아니라도 상하 관계를 의식하면 자신도 모르게 러닝이 아닌 티칭이나 코칭을 하는 입장을 취합니다.

상사와 부하, 선배와 후배, 부모와 자식, 연상과 연하, 선생님과 학생…… 이런 관계는 누가 정한 것은 아니지만 사회적인 통념상 횡적 관계가 아닌 종적 관계가 성립됩니다.

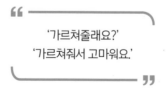

'가르쳐줄래요?'
'가르쳐줘서 고마워요.'

종적 관계에서 대화를 나누면 아무래도 윗사람이 말하는 입장이 됩니다.

예를 들어 상사와 부하직원의 대화에서는 상사가 "오늘은 자네 이야기 좀 듣고 싶군"이라고 말해도 결과적으로 부하가 듣는 사람이 되기 마련입니다. 부하직원의 이야기 중에 신경 쓰이는 부분이 있으면 태세가 바뀌면서 상사가 일방적으로 이야기를 주도합니다.

'오늘은 부하직원의 이야기를 많이 들었군'이라고 생각할지 모르지만, 객관적으로 보면 상사가 말을 훨씬 더 많이 합니다. 부하직원의 이야기를 귀담아들었다고 할 수 없습니다.

수직 관계라 해도 대화를 나눌 때는 대등하게 생각해야 합니다.

잘 듣는 사람이 되고 싶다면 자신이 조금 아래에 있다고 생각해야 합니다. '가르쳐줄래요?'와 '가르쳐줘서 고마워요' 2가지를 의식하고 대화하면 상대는 안심하고 이야기할 수 있습니다.

대화의 주인공은 어디까지나 말하는 사람이라는 사실을 잊지 말기 바랍니다.

잘못했더라도 일단 들어줍니다

상대를 심판하려 들지 않는다

인터넷 뉴스나 텔레비전 뉴스에는 가끔 유명인의 불륜이나 유튜버의 민폐 기사가 나오기도 합니다.

이런 뉴스를 듣고 나하고는 상관없는 일이라고 생각하는 사람이 있는가 하면 용서할 수 없다며 격분하는 사람도 있습니다. SNS나 인터넷 댓글에는 "사죄하라", "활동 중지하고 자숙하라"와 같은 분노의 글들이 넘칩니다. 그냥 지나치지 못하고 잘못에 대해 한마디씩 거듭니다.

하지만 이런 마음 씀씀이는 신뢰 관계를 쌓기 위한 대화에서 듣는 사람에게 부정적인 요소로 작용합니다.

심리상담사는 내담자의 어떤 이야기도 평가하거나 심판하지 않습니다.

상대의 이야기에 자신의 논리나 상식, 가치관을 잣대로 들이대며 잘못이라고 지적하거나 바로잡으려 하지 말아야 합니다. 일반적인 상식에 어긋날지라도 일단은 그대로 받아들이는 것이 좋습니다.

심리상담사는 자신의 논리나 상식, 가치관 등을 배제하고 내담자의 이야기를 듣습니다. 그렇지 않으면 상대의 이야기를 제대로 들을 수 없을 뿐만 아니라 간섭하고 싶어지기 때문이죠.

예를 들어 불륜 상담을 받는다고 생각해봅시다.

일반적인 통념상 불륜은 나쁜 것입니다. 더구나 당사자가 지인이라면 자기 일처럼 심각하게 받아들이기 마련입니다.

"그렇군. 하지만 불륜은 상대도 자신도 가족들도 모두 불행하게 만드는 일이야."

상대를 위하는 마음이 클수록 진지한 조언을 아끼지 않습니다.

이 자체로는 그냥 하나의 커뮤니케이션 방식입니다. 하지만 대화의 심리적 안전감을 높이고 무슨 말이든 하는 사이가 되려면 사실상 심판하는 듯한 말을 해서는 안 됩니다.

심판하듯 말하는 것은 상대의 입장에서 대화를 거북하게 만드는 벽과 다름없습니다. 일단 벽이 쳐지면 어떤 사정이 있는지, 무슨 생각인지 더 이상 속내를 털어놓지 않습니다.

수용과 공감의 단계에서는 '그렇군'이라고 말한 다음에 '그런데 말이야……'라는 말이 나오지 않도록 참는 것이 좋습니다. 상대가 "어떻게 생각해요?"라고 물으면 그때 비로소 답을 하면 됩니다.

틀린 것이 아니라 다른 것

좀 더 깊이 들어가서, 대화할 때 상식이나 통념 등과 같은 정론을 펼치는 것은 듣는 사람에게 생각보다 큰 압박으로 느껴집니다. 불륜이 나쁘다는 것은 당사자도 잘 알고 있는 사실입니다. '그건 나도 잘 알고 있어. 하지만 나름의 사정이 있단 말이야'라고 생각할지 모릅니다.

상대가 어렵게 이야기를 꺼내는 이유는 수용과 공감을 바라기 때문입니다. 심판하거나 바로잡아 주기를 바라고 이야기하는 경우는 거의 없습니다.

잘 듣는 기술과 크게 관련 없을지 모르겠지만 말하는 사람이든 듣는 사람이든 세상사에 정답이 없다고 생각하는 것이 좋습니다.

'상대가 틀린 것이 아니라 자신과 다를 뿐이다.' 이것이 잘 들을 줄 아는 사람이 상대의 이야기를 받아들이는 자세입니다.

세상에는 다양한 사람이 있습니다. 당신이 꺼리는 일을 대수롭지 않게 생각하는 사람도 얼마든지 많습니다. 당신이 올바르다고 생각하는 삶의 방식과 정반대로 사는 사람도 있습니다.

대략적인 성향을 알고 있다고 생각하더라도 이야기를 나누다 보면 '이 사람은 의외로 냉철하구나', '사소한 일에도 꼼꼼한 사람이구나', '회사에서만 사교적으로 행동하는구나' 등과 같이 상대의 또 다른 면을 발견하기도 합니다.

> "
> 사람들이 살아가면서 일어나는 많은 일들이 사실상
> 쉽게 시시비비를 가릴 수 있는 문제가 이닙니다.
> "

듣는 사람이 먼저 해야 할 일은 상대의 이야기를 잘 들어주는 것입니다. 그리고 상대를 인정해주는 일입니다.

진지한 사람일수록 자신의 논리나 상식, 가치관을 쉽게 배제

하지 못합니다. 또한 확고한 신념이 있는 사람일수록 상대의
이야기에 민감한 반응을 보입니다.

2장에서 진지한 사람의 멘탈 노이즈에 대해 설명했습니다. 잘
들을 줄 아는 사람이 되려면 멘탈 노이즈를 주의해야 합니다.

다만 어디까지나 듣는 사람의 입장에서 개인적인 가치관이
크게 도움이 되지 않는다는 의미이지, 개인의 입장에서는 중요
합니다.

공감은 해도 동감하지 않습니다

공감, 나도 그렇게 느끼는 기분

안심하고 이야기하려면 무엇보다 상대의 이야기에 공감해주어야 합니다. 하지만 주의해야 할 점이 있습니다. 바로 동감하지 않는 것입니다.

공감하되 동감하지 말라는 것은 어떤 의미일까요?

당신의 부하직원이나 후배가 다음과 같은 말을 하면 어떻게 반응하는 게 좋을까요?

"오늘 말도 안 되는 클레임이 있었는데 거기에 대응하느라 원래 업무를 제대로 못 했어요. 막말하면서 입에 담지도 못할 욕설까지 하는 통에 충격받고 조퇴한 직원도 있을 정도예요."

다음 A와 B 중 어느 쪽이 듣는 사람의 입장에서 더 효과적인 반응일까요?

A : "고생했네. 화가 날 법도 하네"라고 동의한다.
B : "내가 더 열 받네"라고 함께 화를 낸다.

효과적인 대처는 A입니다. 함께 화를 내는 B도 상대에게는 위로가 되지만 말하는 사람과 같은 감정을 느끼는 동감은 듣는 사람의 입장에서 좋지 않습니다.

예를 들어 B와 같이 반응하는 상사는 클레임을 건 사람에게 화가 난 나머지 부하직원을 보호하거나 클레임이 생기지 않도록 조치하려고 할 것입니다.

"어떤 사람이야?"
"조퇴한 직원은 괜찮아?"
"자네는 어떻게 대응했어?"
"그럴 때는 바로 나한테 보고하도록 해."

이처럼 질문하고 충고하는 과정에서 말하는 사람이 해결해야 할 문제가 어느새 자신의 문제가 되어 대화의 주인공이 바뀌어 버립니다. 상대가 하고 싶은 이야기를 듣기보다 자신이 질문하기에 바쁩니다. 듣는 사람이 감정에 사로잡히면 말하는 사람이 바라는 상황과 다른 방향으로 대화가 흘러가기 십상입니다.

반면 A는 부하직원의 감정을 이해하면서도 어디까지나 부하직원이 이야기의 주체가 됩니다.

동감, 생각이나 의견이 같은 것

함께 화내고 자신의 일처럼 이끌어주는 B도 의지가 되는 상사입니다. 하지만 듣는 사람으로서는 어떨까요?

심리상담에서는 공감과 동감을 이렇게 표현합니다.

물에 빠진 사람을 보고 자신도 뛰어들어 '힘들지?' 하며 함께 허우적거리는 것이 동감이고, 물에 빠진 사람을 바라보며 '많이 힘들겠군!' 하고 감정과 기분을 상상하는 것이 공감은 하되 동감은 하지 않는 것입니다.

다만 심리상담사가 내담자의 고민을 남 일처럼 여긴다는 의미는 아니니 오해하지 말아주세요. 함께 허우적거리는 것도 의지가 되지만 심리상담사는 허우적거리는 사람이 자기 힘으로 빠져나오도록 도와주는 존재입니다. 스스로 해결할 수 있는 길로 이끌어주는 역할을 합니다.

> " 동감하는 상사가 부하직원에게 좋지 않은 이유는
> 문제를 스스로 해결하는 습관을 익힐 수 없기 때문입니다. "

상사가 자꾸 궁금한 것을 질문하고 충고만 하려 들면 대화의 심리적 안전감이 낮아집니다. 상사가 대화를 주도하면 일이 쉽게 풀릴지는 몰라도 부하직원 입장에서는 하고 싶은 말이 있어도 하지 못하게 됩니다.

문제나 고민거리가 생기면 곧장 상담사를 찾는 '상담 쇼핑'에 빠진 사람도 있습니다. 이것은 스스로 문제를 해결하지 못하기 때문입니다. 무거운 이야기일수록 동감하기 쉽지만 잘 들어주는 사람이 되려면 공감하는 정도에서 멈추는 것이 좋습니다. 이야기하는 사람에게는 상대가 공감하는 것만으로도 충분합니다.

상대를 완전히 알 수는 없습니다

첫인상을 믿지 마라

처음 만나는 사람에게는 정도의 차이는 있지만 첫인상이 있습니다.

겉모습이나 인사만으로도 '신경질적이겠군', '사교적이고 수다스럽겠군', '자신만만해 보이는군', '내성적이군' 등과 같이 상대를 자기 마음대로 레이블링하는 경우가 많습니다.

레이블링(labeling)이란 어떤 태도나 행위에 대해 부정적인 꼬리표를 다는 것을 말합니다.

심리학에서는 '메라비언의 법칙'을 많이 인용합니다. 심리학자 앨버트 메라비언이 연구 발표한 것으로, 사람은 상대를 언어 정보(말) 7퍼센트, 청각 정보(목소리) 38퍼센트, 시각 정보(외모) 55퍼센트로 판단한다는 것입니다.

사람을 사귈 때 첫인상이 그만큼 중요하다는 의미입니다. 그런데 잘 들어주는 사람이 되려면 절대 첫인상에 휘둘려서는 안 됩니다.

또한 이야기를 조금 나눠봤을 뿐인데 상대를 잘 안다는 식으로 반응하는 것도 레이블링에 해당합니다. 사람들은 각자 고유의 '말의 지도'를 갖고 있듯이 우리는 자신의 지식과 경험을 바탕으로 해석하기 때문에 상대를 100퍼센트 이해하는 것은 불가능합니다.

레이블링을 하면 상대를 있는 그대로 받아들이지 못합니다. 그래서 정작 들어야 할 말이나 중요한 말을 놓치는 경우가 많은 것이죠.

그러면 상대는 반대로 당신을 '거들먹거리는 사람', '남의 이야기를 듣지 않는 사람'으로 레이블링할지도 모릅니다.

> "
> 이야기를 듣는 목적은 상대를 평가하는 것이 아니라
> 수용하고 공감하는 것입니다.
> "

상대를 내 마음대로 판단하는 오류

상대에게 '당신은 이런 점이 있군요'라고 알려주는 것도 좋지 않습니다.

예를 들어 상사와 부하직원의 면담에서 상사는 아무래도 부하직원을 평가해야 하는 입장입니다. 잘못한 점이 있으면 지적하고 스스로 깨달을 수 있도록 도우면서 부하직원이 더욱더 성장하기를 바랍니다.

교육이라는 측면에서는 조언이 반드시 필요합니다. 하지만 신뢰 관계가 충분히 형성되었을 때 조언해야 상대가 긍정적으로 받아들일 수 있습니다.

심리학에는 '레이블링 이론'이 있습니다. '당신은 이런 사람이다'라는 말을 들으면 그 말대로 행동하게 된다는 것입니다. 이 이론대로라면 우리는 상대를 심리적으로 컨트롤할 수 있습니다.

예를 들어 역술가가 "당신은 참 대화가 서툰 사람입니다"라고 말하면 어떨까요? 왠지 그런 거 같다는 생각이 듭니다. 누구에게나 조금은 있을 법한 성향인데도 지적받는 순간 '맞아, 그런 거 같군'이라고 믿어버립니다.

그렇기 때문에 듣는 사람이 '당신은 이러이러한 것 같다'고 했을 때 상대가 '그럴지도 모른다'고 답하더라도 그것이 맞다는 보장은 없습니다.

거듭 말하지만 일단은 상대가 안심하고 스스로 이야기할 수 있는 관계를 쌓는 것이 우선입니다.

조금 두루뭉술하게 질문합니다

첫 대면에서 대화를 이어가는 질문

지금까지 수용과 공감을 하려면 상대의 이야기를 어떻게 들어야 하는지 알아보았습니다. 공통적인 내용은 상대의 이야기를 있는 그대로 받아들여야 한다는 것입니다.

다만 '상대가 말재주가 없거나 말수가 적은 사람이면 수용이나 공감도 애초에 불가능하지 않나요?'라고 생각할 수 있습니다. 그리고 듣는 사람이 '그렇군요'라고 받아들이기만 해서는 원만하게 대화를 진행할 수 없다고 생각할지도 모르겠습니다.

이런 상황에서 대화를 이어가려면 상대의 이야기를 어떻게 들어야 하는지 몇 가지 소개하겠습니다.

먼저 첫 대면에서 무슨 말을 하는 게 좋을지 고민되는 상황입니다.

예를 들어 첫 대면에서 '어떤 일을 하시나요?', '취미는 뭔가요?', '고향은 어디세요?' 등과 같은 질문을 할 수 있습니다. 하지만 이런 식으로는 좀처럼 대화가 원활하게 이어지지 않습니다. 나름대로 생각해서 질문해도 이런 주제에 대해서는 적극적인 반응을 보이지 않는 사람도 많습니다.

듣는 사람 "취미는 뭔가요?"

말하는 사람 "네…… 특별히 취미라고 할 만한 게 없어서……."

듣는 사람 "그렇군요."

말하는 사람 "네. 그쪽은 어때요?"

듣는 사람 "저는요……."

취미나 직업에 관한 질문은 대화의 계기를 만드는 전형적인 수단입니다. 하지만 대화가 단답형으로 이어져 이야기가 뚝뚝 끊어지기 쉽습니다. 질문받은 상대가 적극적으로 이야기하면 수용과 공감을 생각하면서 잘 들어주면 되지만 이야기가 멈추면 어색하기 그지없습니다.

반대로 상대가 이야기해주기를 바라고 질문했는데 자신이 이야기하지 않으면 안 되는 상황이 되기도 합니다.

이런 상황을 방지하기 위해 사용하는 방법이 '청크업'입니다.

상대가 대답하기 쉬운 질문

'청크업(chunk up)'이란 간단히 말해서 추상화하는 것입니다. 단답형이 되지 않도록 조금 두루뭉술하게 질문하는 기법입니다. 앞의 질문을 청크업 기법으로 바꿔보면 다음과 같습니다.

> "
> '취미는 뭔가요?' 대신 '요즘 관심 가는 일이 있나요?'
> "

이처럼 추상적으로 질문하면 대답하기가 훨씬 수월해집니다. 왜냐하면 '취미'로 한정하지 않고 '관심 있는 일'로 범위를 확대하면 선택지가 많아지니까요. '예전부터 캠핑을 좋아했어요'라든지 '맛집 다니는 걸 좋아해요' 등과 같이 답변의 폭이 넓어집니다.

'취미라고 할 만한 게 없어요'라는 식으로 말하는 사람도 '요즘 관심 가지는 일이 있나요?'라는 추상적인 질문에는 어쩌면 이야기할 거리가 있을지 모릅니다.

취미라고까지 말할 수는 없지만 '먹는 걸 좋아한다', '몸을 움직이는 걸 좋아한다'고 답하면 듣는 사람도 이야기를 이어가기가 수월해집니다. 이렇게 대화를 주고받다 보면 공통의 화제가 생길 가능성도 높습니다.

"관심사가 뭔가요?"

"무슨 일을 할 때 가장 재미있으세요?"

"요즘 흥미를 끄는 일은 뭔가요?"

이처럼 청크업 질문이 특별히 기발하다고 할 수는 없지만 누구나 물어볼 수 있고 누구나 답할 수 있습니다.

대화의 계기를 만들고 싶다면 폭넓은 답변이 가능한 질문을 해봅시다.

듣기 위해 질문합니다

5W1H로 대화가 계속 이어진다

5W1H, 즉 When(언제), Where(어디서), Who(누구와), What(무엇을), Why(왜), How(어떻게)를 활용하면 대화를 수월하게 이어갈 수 있습니다.

5W1H는 대화가 끊기지 않게 해주는 질문 방법입니다.

첫 대면에서 청크업한 질문으로 얻어낸 답변에 5W1H로 질문하면 대화를 계속 이어갈 수 있습니다. 예를 들어 '관심사가 뭔가요?'라는 질문에 상대가 '낚시에 관심이 많아요'라고 답변했습니다.

'낚시는 어디로 가나요?', '주로 어떤 종류를 많이 낚나요?',

'누구와 함께 낚시를 가나요?', '어쩌다 낚시를 시작하게 되었나
요?' 등과 같이 5W1H만으로도 대화를 계속 이어갈 수 있습니
다. 주제가 일관된 질문이기 때문에 상대도 대답하기 좋습니다.

듣기 전문가는 리액션 전문가입니다

내 이야기는 최대한 줄인다

대화에서 듣는 사람은 조연일 뿐 주연은 어디까지나 말하는 사람입니다.

대화를 이어가는 기술을 익히려면 먼저 말하는 사람과 듣는 사람의 역할을 이해할 필요가 있습니다.

질문하는 데 서툰 사람은 듣는 입장이 되어도 좀처럼 적절한 조연의 역할을 수행하지 못합니다. 듣는 역할을 해야 하는데도 상대의 이야기를 수용하기보다는 대화 속에서 자기 이야기를 하는 데 집중합니다.

가장 흔한 사례가 지식을 과시하는 질문이나 예상 밖의 질문입니다.

부하직원 "요즘 아침에 일어나기가 힘들어요……."
상사 "하버드 대학의 최신 연구에 따르면 기상 시 바로 커튼을 걷
으면 멜라닌이 ……(중략)…… 그렇게 해서 쉽게 잠이 깨지. 자네
는 커튼을 어떻게 달았는가?"

이것은 질문을 가장한 자기 과시입니다. 자신이 알고 있는
지식을 자랑하는 것이죠.

상대의 이야기를 잘 들을 줄 모르는 사람은 자신을 과시하는
질문을 가끔 던집니다. 그러면 말하는 사람은 '내 이야기를 잘
듣고 있는 건가?'라고 고개를 갸웃하거나 불안감을 느낄 수밖
에 없습니다.

차곡차곡 쌓아가는 빌드업 대화법

호의를 느끼는 후배와 대화를 나눌 때면 '의지할 수 있는 선
배', '내 걱정을 해주는 선배' 등과 같이 좋은 인상을 주려고 재

치 있고 멋져 보이는 질문을 생각합니다.

직속 상사와 대화할 때도 '꽤 능력 있는 직원이군', '문제점을 잘 파악하는군'과 같이 좋은 평가를 받기 위한 질문을 생각합니다.

좋은 평가를 받고 싶은 마음이 드는 것도 당연합니다. 하지만 상대의 이야기를 잘 듣고 있다는 사실을 전하고 싶다면, 후배가 자신의 이야기를 기분 좋게 할 수 있는, 또는 상사가 기분 좋게 회의실에서 나갈 수 있는 대화가 되도록 노력해야 합니다.

후배 "○○에서 점심을 먹었는데 너무 맛있었어요."
나 "거기 정말 맛있겠군."

상사 "이번 분기도 다른 부서보다 빨리 목표를 달성했어!"
나 "정말 대단합니다!"

이처럼 상대가 대화를 계속 이어갈 수 있는 반응이나 대꾸를 하는 것입니다. 후배는 어떤 음식이었는지, 상사는 목표 달성 요인이 무엇인지 이야기를 시작할 것입니다. 이런저런 질문을 생각하지 않아도 자연스럽게 대화가 이어집니다.

이야기를 이어나가는 것이야말로 수용의 첫걸음입니다. 그렇기 때문에 상대는 기분 좋게 이야기를 계속할 수 있습니다.

잘 들을 줄 아는 사람은 말하는 사람이 답하기 껄끄러운 질문이 아니라 대화를 이어갈 수 있는 질문을 합니다.

상대를 한 방에 넘어뜨리는 펀치가 아니라 조금씩 타격을 입히는 잽을 여러 번 날려야 합니다.

홈런 한 방으로 경기의 분위기를 단번에 바꾸기 위한 풀스윙이 아니라 주자를 착실히 득점권에 안착시키겠다는 보내기 번트가 필요합니다.

이야기를 계속 이어가기만 해도 기분 좋은 대화를 나눌 수 있습니다.

앵무새처럼 상대의 말을 따라 해봅니다

따라 하기만 해도 대화가 이어진다

다음 대화에서 당신이라면 어떻게 답변하겠습니까?

말하는 사람 "얼마 전에 안경을 바꿨어요."

듣는 사람 _____

답변은 무수히 많을 것입니다. "알고 있었어요! 좋아 보여요"
라고 반응하는 사람이 있는가 하면, "그렇구나! 어디서 샀어
요?"라고 묻는 사람도 있습니다.

쉽게 대화가 이어진다면 문제없지만 어떤 반응을 보여야 할

지 순간적으로 떠오르지 않을 때는 어떻게 하는 것이 좋을까요? 이럴 때는 '미믹킹'이 좋은 방법입니다. 미믹킹(mimicking)은 상대의 말을 '모방'하는 것을 말합니다.

군이 센스 있는 답변을 생각하거나 대화를 이어가려고 필사적으로 궁리하지 않고도 대화를 쉽게 이어갈 수 있는 기술입니다. 게다가 상대에게 호감을 주는 일석이조의 방법이기도 합니다. 다음 예를 살펴봅시다.

> 말하는 사람 "얼마 전에 안경을 바꿨어요."
> 듣는 사람 "그렇군요. 안경을 바꿨군요."
> 말하는 사람 "이제 노안이 시작되기도 했고요……."

> 말하는 사람 "어제 고향에 계신 어머께서 전화를 하셨더라고요."
> 듣는 사람 "그렇군요. 어머께서요?"
> 말하는 사람 "네, 주말이면 어머께서 자주 전화하시는데……."

말하는 사람이 사용한 단어를 그대로 사용하면 상대는 '내 이야기를 듣고 있구나'라고 안심하며 편안하게 이야기를 이어갈 수 있습니다.

효과를 2배 높이는 질문 타이밍

상대가 적극적으로 이야기하는 유형이 아니라면 '미믹킹 +
5W1H'로 대화를 이어갑니다.

말하는 사람 "얼마 전에 안경을 바꿨어요."
듣는 사람 "그렇군요. 안경을 바꿨군요. 왜 바꿨어요?"

포인트는 상대가 이야기하도록 유도하는 것입니다. 여기서
대화 분위기를 좋게 하려고 '나도 바꾸려는데 말이죠……' 등과
같이 자기 이야기를 꺼내는 경우도 있습니다. 상대가 안심하고
이야기하게 하려면 자기 이야기를 하는 것이 아니라 '미믹킹 +
5W1H'가 효과적입니다.

한 가지 주의해야 할 점은 상대의 이야기가 일단락되는 타이
밍에 맞춰 사용해야 효과적이라는 것입니다. 아직 이야기가 끝
나지 않았는데 매번 미믹킹을 하면 오히려 상대는 이야기하는
데 불편함을 느낍니다.

상대의 목소리 톤에 맞춥니다

몸짓을 따라 하면 분위기가 달라진다

상대가 안심하고 이야기할 수 있도록 '미러링 효과'를 이용하기도 합니다.

미러링(mirroring) 효과란 상대가 자기와 같은 표정과 동작을 할 때 호의나 신뢰가 높아지는 것입니다.

표정이나 몸짓, 자세 흉내 내기는 대화를 나눌 때 손쉽게 활용할 수 있습니다. 예를 들면 다음과 같습니다.

- 상대가 커피를 마시면 나도 따라 마신다.
- 상대가 몸을 앞쪽으로 내밀고 이야기하면 나도 몸을 앞쪽으로

내민다.

- 상대가 탁자에 양손을 올려놓으면 나도 탁자에 양손을 올려놓는다.

- 상대가 고개를 갸웃하면 나도 고개를 갸웃한다.

> "
> 상대의 자세나 몸짓을 그대로 흉내 내기만 해도
> 상대는 안심하고 편안하게 이야기할 수 있습니다.
> "

이야기를 들을 때 웃는 표정을 지으라고 하는데, 억지로 표정을 짓기는 쉬운 일이 아닙니다. 그보다는 자세나 몸짓을 흉내 내는 것이 훨씬 쉽습니다.

목소리 톤과 말의 리듬을 맞춘다

자세나 몸짓을 흉내 내는 것보다는 어렵지만 목소리 톤이나 말의 리듬, 속도를 맞추는 것도 효과적입니다.

- 상대가 조용한 톤으로 이야기하면 나도 목소리를 낮춰 이야기한다.
- 상대가 천천히 이야기하면 나도 비슷한 속도로 이야기한다.

말하자면 상대와 말하는 호흡을 맞추는 것입니다. 잘 들어주는 기술이 몸에 익지 않으면 아무래도 '어떻게 이야기하지?', '무슨 말을 하지?'라는 생각이 머릿속을 떠나지 않습니다. 이럴 때는 상대를 관찰할 여유도 없고 이야기도 귀에 들어오지 않습니다. 그러다 보면 자신도 모르는 사이에 자신의 톤과 리듬으로 이야기하기 마련입니다.

특히 거래처 등에 제품을 판매할 때 주의해야 합니다. 자료에 적힌 대로 열심히 설명하고 있는데 상대가 왠지 따분해하는 것 같으면 불안합니다. 불안을 느끼는 순간 당황하기 쉬운데 그럴 때는 상대의 말투에 집중해봅니다.

사소하지만 말하는 속도를 늦추거나 톤을 낮추기만 해도 대화의 분위기가 단숨에 바뀌기도 합니다.

당신 이야기를 듣고 있다고 표현합니다

맞장구는 대화의 드럼

대화를 나누면서 맞장구를 치는 것이 얼마나 중요한지는 두 말하면 잔소리입니다. 하지만 실제로 맞장구를 잘 치냐고 물어보면 고개를 갸웃하는 사람들이 많습니다.

맞장구에도 여러 가지 종류가 있습니다. 먼저 '응, 응', '예, 예', '네, 네' 등과 같이 상대의 이야기 간극을 이어주는 것이 있습니다. '역시!', '우아, 굉장하네요!', '거참 재미있군요!' 등과 같이 상대의 이야기에 장단을 맞춰 대화 분위기를 끌어올릴 수도 있습니다.

여기서는 상대의 이야기 간극을 이어주는 맞장구에 관해 설명하겠습니다.

상대가 기분 좋게 이야기하려면 맞장구에도 듣는 사람의 해석과 의견을 넣지 않는 것이 좋습니다. 앞에서 살펴본 '나도 알아요'라고 말하지 않는 것과 마찬가지입니다.

'맞아요!'와 같은 말도 악의 없이 자주 사용하지만 지나치면 상대는 '정말 알고 하는 말인가?'라고 의구심을 가지게 됩니다.

자신은 정말 그렇게 생각하기 때문에 '맞아요'라고 말하는데, 상대가 '건성으로 대답한다'고 느끼면 오히려 손해입니다.

맞장구에 의미를 담을 필요는 없습니다. 단지 대화에 리듬을 주는 역할 정도로 생각하세요.

말하는 사람에게는 각자의 템포가 있습니다. 조곤조곤 천천히 이야기하는 사람이 있는가 하면 강하고 빠른 템포로 이야기하는 사람도 있습니다. 앞서 미러링을 설명할 때 언급한 것과 같이 상대가 말하는 속도와 목소리 톤을 살펴봅니다. 그에 맞춰 '네, 네', '응, 응' 하고 맞장구치면 됩니다.

리듬만 흐트러뜨리지 않으면 아무 말 없이 고개만 끄덕여도 충분합니다.

대화의 템포를 맞춰라

지금까지 소개한 잘 듣는 기술을 활용하면 맞장구도 자유롭게 구사할 수 있습니다.

조금 변화를 주고 싶다면 1장에서 소개한 '그렇군', '그렇구나' 등을 끼워 넣어도 듣는 사람의 해석이나 의미를 가미하지 않은 변주 리듬을 만들 수 있습니다.

공감을 나타내고 싶다면 상대의 감정을 있는 그대로 따라 하는 것도 방법입니다. "머리가 아파서 힘들어요"라고 하면 "힘들군요"라고 반응하는 것입니다.

마찬가지로 미믹킹도 함께 사용할 수 있습니다. "불고기를 먹었어요"라고 하면 "불고기를 먹었군요"라고 말하면 됩니다. 이 또한 일종의 맞장구입니다.

이처럼 상대가 자신의 리듬으로 이야기하고 안심할 수 있는 분위기를 만들면서 가끔 청크업이나 5W1H를 보조적으로 활용합니다. 그리고 상대가 '어떻게 생각하세요?'라고 의견을 물어보면 그에 답합니다.

이런 방법을 반복하는 것이 상대의 이야기를 있는 그대로 듣고 대화를 이어가는 요령입니다.

HEAR

말수가 적은 사람에게도 대화를 술술 끌어내는 사람
단 하나의 질문으로 대화를 계속 이어가는 사람
그리하여 몇 마디 하지 않고도 최고의 성과를 올리는 사람

침묵을 견뎌라,
대화를 계속 이어가려면

잘 듣는다는 것은 속마음에 다가가는 것입니다

속마음은 상대의 마음 깊은 곳에 있다

말하는 사람은 수용과 공감이 이루어지고 있음을 느끼고 듣는 사람과 신뢰 관계가 형성되면 마음을 열고 이야기합니다. 하지만 속마음까지 전부 보여주고 있는지는 알 수 없습니다.

"동료를 나쁘게 말한 건 좋은 평가를 받기 위해서였어요."

"해외로 유학 가고 싶다고 자주 말한 건 회사를 그만두고 싶기 때문이에요."

"그렇게 차가 필요 없다고 말하더니 갑자기 '테슬라'래요."

"사업기획부로 가고 싶다고 해서 배속 전환을 추천한 건데……."

상대가 이런저런 이야기를 할 때 지금까지 말한 것과 정반대의 결정을 내리는 것을 보고 놀랄 때가 있습니다. 친하게 지내던 사람이라면 배신감이 들기도 합니다.

마음을 열었다고 판단되면 상대와 깊은 이야기를 나눌 수 있을 거라고 생각하지만 속마음을 그대로 내비치지는 않습니다.

어떻게 해야 상대가 나를 믿고 속마음을 털어놓을까요?

그러기 위해서는 수용과 공감에 더해 자기일치의 단계가 필요합니다. 상대가 스스로 자기 마음속으로 들어갈 수 있는 분위기를 조성하는 것입니다.

그것이 심리상담사가 말하는 '속마음을 털어놓게 만드는 듣기의 기술'입니다.

상대가 속마음을 털어놓는 메커니즘

자기일치란 자신 그대로 존재하는 것을 말합니다. 사람은 100퍼센트 있는 그대로 존재할 수 없습니다. 가능한 범위 내에서 자신을 알고 있을 뿐입니다. 자신의 몸과 마음을 완전히 파악하고 있는 것, 있는 그대로의 자신으로 살아가는 상태를 자기일치라고 합니다.

그렇다면 왜 자기일치가 이루어져야 속마음을 이야기한다는 것일까요?

내담자 앞에 앉아 있는 심리상담사가 자신 그대로 존재하지 않는다면 어떨까요? 자신과 또 다른 자신이 혼재된 상태, 다시 말해 자기일치가 낮은 상태라면 말입니다.

예를 들어 직업이니까 심리상담사 역할을 할 뿐이라고 생각하는 나, 속으로는 사람을 깔보는 나, 상담 내용에 흥미를 느끼지 못하는 나, 상대가 이야기하는 동안 퇴근 후 저녁에 뭘 먹을지 고민하는 나라면 어떨까요?

심리상담사의 자기일치 상태가 낮으면 말하는 입장에 놓인 내담자가 어떻게 생각할까요? 자기일치가 실현되어 있지 않은 심리상담사 앞에서는 '이 사람에게 진실을 다 말해도 괜찮을까?'라는 불신감이 들게 마련입니다.

지금까지 누구에게도 말하지 않은 고민을 이야기하는데 '심리상담사가 속으로 한심하다고 생각하면 어떡하지?', '경멸하면 어떡하지?' 등과 같은 생각이 들거나 분위기로 눈치챈다면 말하는 사람은 상대를 경계하며 더 이상 깊은 이야기를 하지 않을 것입니다.

> "
> 자기일치의 상태, 즉 '한결같은 모습'으로
> 상대의 이야기를 듣는 것이 중요합니다.
> "

    심리상담사의 자기일치 상태가 높으면 대화를 통해 내담자의 자기일치도 촉진할 수 있습니다.

    내담자가 '나도 있는 그대로의 모습을 보여줘도 괜찮을 것 같다'는 인상을 받을 수 있으니까요. 눈앞에 있는 심리상담사의 자기일치를 본보기 삼아 내담자도 자신 그대로 존재해도 된다는 용기를 얻는 것입니다.

    온전한 자기 모습 그대로 존재하는 자기일치가 진행되면 속마음을 이야기해도 괜찮다는 용기가 생겨납니다.

    자기일치가 이루어지면 무엇보다 그때부터 자신의 속마음만 이야기하게 됩니다.

    이것이 심리상담사에게 자기일치가 필요한 이유이며 상대가 속마음을 털어놓게 만드는 메커니즘입니다.

듣는 사람이 자기일치 상태를 높이는 것은 고차원적인 기술입니다. 아무리 뛰어난 심리상담사라고 해도 상대가 속마음만 이야기하는 상태로 끌어올리기는 쉽지 않습니다. 그만큼 어려운 일입니다.

더구나 말하는 사람의 자기일치가 이루어지지 않으면 속마음을 알아내기는 불가능에 가깝습니다.

왜냐하면 자신의 마음속으로 들어가지 않으면 자신의 생각을 정리할 수 없을 뿐만 아니라 마음속 깊은 곳에 있는 속마음이 무엇인지를 스스로 깨닫지 못하기 때문입니다.

그럼 이제부터 상대가 속마음을 이야기하게 만드는 기술을 알아보겠습니다.

회사에서 부하직원이 좀처럼 속마음을 털어놓지 않는다든지 고객이나 거래처 사람이 자기 생각을 말하지 않을 때 이 방법을 사용하면 상대가 자신의 마음속으로 들어가 생각을 정리할 수 있습니다.

나는 그저 들어줄 뿐입니다

상대의 문제를 대신 해결해줄 수는 없다

상대의 이야기에 지나치게 감정 이입을 하지 않아야 상대가 속마음을 이야기할 수 있습니다.

심리상담사가 내담자의 이야기에 감정적으로 깊이 빠져들지 않는 이유는 상대가 안고 있는 문제를 자신이 해결해줄 수 없다는 것을 잘 알고 있기 때문입니다.

> '상대가 안고 있는 문제는 나의 문제가 아니다.'
> 이렇게 생각하는 것을 '과제 분리'라고 합니다.

조금 냉정하게 들릴 것입니다. 하지만 엄밀하게 말해서 자신의 고민이나 문제를 해결할 수 있는 사람은 오직 자신뿐입니다.

듣는 사람이 말하는 상대를 대신해서 해줄 수 있는 일은 애초에 없습니다.

친한 사이나 가족의 문제를 대신 해결해주고 싶은 마음이 간절하겠지만 실제로는 할 수 있는 일이 거의 없습니다.

아무리 훌륭한 해결책도 어디까지나 듣는 사람의 경험이나 지식에서 나온 방법일 뿐입니다. 일부 유사한 상황에 적용할 수 있을지는 모르겠지만 상대가 처한 상황이나 환경과 완전히 똑같을 수는 없습니다.

상대가 마음을 열고 상황을 상세히 이야기해주었다고 해도 사실 그대로인지 확인할 수 없습니다. 진실인지 거짓인지조차 알기 어려우니까요. 더구나 상대의 기억이 왜곡되었을 가능성도 있습니다.

해결책은 상대의 마음속에 있다

왜 이렇게까지 냉정하게 생각해야 하는 걸까요?

심리상담을 비롯한 심리요법은 '답은 반드시 말하는 상대가 갖고 있다'는 전제 아래 대화를 이어나갑니다. 잘 훈련된 심리 상담사는 항상 이 대전제를 마음속에 품고 상담을 진행합니다.

'답은 반드시 상대가 갖고 있다'고 믿고 있을 뿐만 아니라 실제 상담 경험을 통해서도 그것을 확신하고 있습니다.

상대의 문제는 상대의 문제일 뿐이므로 감정 이입을 할 필요가 없습니다. 그렇기에 답은 절대적으로 상대가 갖고 있다는 입장을 유지할 수 있습니다.

무엇보다 듣는 사람이 상대의 문제를 해결할 수 없는 이유는 어떤 조언과 해결책을 제시해도 실행할지 말지를 결정하는 것은 상대이기 때문입니다.

> **"**
> 듣는 사람이 할 수 있는 것은 어디까지나
> 스스로 해결할 수 있도록 돕는 것뿐입니다.
> **"**

그러므로 수용, 공감, 그리고 자기일치의 원칙에 따라 상대의 이야기를 들어야 합니다. 그러면 대화 도중에 상대가 스스로 답을 찾는 모습을 목격할 수 있을 것입니다.

내 마음이 충만할 때 들어줄 수 있습니다

듣기 좋은 컨디션이 있다

자기일치는 심리상담사가 갖춰야 할 기본임과 동시에 영원히 안고 가야 할 과제이기도 합니다.

그래서 저는 상대의 이야기를 들을 컨디션이 아니면 차라리 상담을 받지 않습니다. 상대의 말을 수용할 상황이 아닌데도 상담을 진행하는 것은 내담자 입장에서 시간과 감정 낭비에 지나지 않으니까요.

듣기 전문가인 심리상담사도 잘 들을 수 없을 때가 있습니다.

심리상담사도 인간이기 때문에 몸이 아프거나 정신적으로 피로할 수 있습니다. 부부싸움을 했다거나 아이가 다쳤다거나 회사에서 문제가 생겼다면 아무리 냉정한 사람도 심적으로 불안하기 마련입니다.

심리상담사는 잘 듣는 기술을 몸에 익히고 있기 때문에 감정이 흔들리거나 컨디션이 좋지 않아도 스스로 해결할 수 있지만 그런데도 잘 듣지 못할 때가 있습니다.

1장에서 소개했듯이 상대의 이야기를 듣는 것은 에너지를 많이 쏟는 일입니다. 시간을 정해두고 상담받는 전문 심리상담사도 힘든데 듣는 기술에 서툰 사람이 남의 이야기를 오랜 시간 듣고 있으면 녹초가 되기 십상입니다.

남의 이야기를 들을 수 없는 상황이라면 '오늘은 미안해요', '오후에 들을게요', '다른 날 시간을 내볼게요' 등과 같이 정중히 거절하는 편이 좋습니다. 미안한 마음이 들겠지만 잘못된 행동은 아닙니다.

이것은 컨디션이 좋지 않은 선수가 경기에 출장하지 않는 것과 마찬가지로 올바른 판단입니다.

내가 적당히 듣거나 대충 흘려듣는 것을 상대는 금세 눈치챕니다. 그렇게 되면 결과적으로 상대의 속마음을 들을 수 없을 테니, 굳이 애써 듣는 척할 필요 없습니다.

컨디션 외에 내용에 따라서도 거절하는 것이 나은 경우가 있습니다. 일상적인 대화에서 '이런 건으로 상담하고 싶습니다'라고 사전에 고지하는 경우는 드뭅니다. 대화 내용이 다음과 같다면 보통 이상으로 듣는 역할에 충실해야겠다고 마음의 준비를 하는 것이 좋습니다.

자신이 해결한 경험이 있는 문제

현재 자신이 안고 있는 문제

먼저 해결한 경험이 있는 상담이면 아무래도 자신의 상황과 비교하며 듣기 마련입니다. 그러면 자꾸 조언하고 싶어지고 선생님처럼 가르치려 할 가능성이 있습니다.

또한 자신이 안고 있는 문제와 같은 상담이면 상대의 이야기를 들으면서 자신의 문제도 함께 생각하게 됩니다. 고민을 공유하는 것은 나쁘지 않으나 상대의 이야기에 지나치게 감정 이입을 할 수 있습니다.

어느 쪽이든 상대의 이야기를 제대로 듣기 힘든 상황입니다.

상대의 침묵에는 말없이 기다립니다

침묵, 잠시 대화를 쉬어 가는 타이밍

자기일치의 단계에서는 '침묵의 시간'이 매우 중요합니다. 그런데 대부분의 사람들은 대화를 나눌 때 침묵만큼 두려운 순간이 없다고 생각합니다.

듣는 일이 직업인 심리상담사에게 "침묵이 이어질 때는 어떻게 해야 할까요?"라고 문의하는 사람도 많습니다. 먼저 침묵에는 아무렇지도 않은 침묵과 곤혹스러운 침묵이 있습니다.

누구나 아무렇지도 않은 침묵을 한 번쯤 경험해본 적 있을 것입니다. 친한 친구나 가족과 나누는 일상적인 대화라면 서로 말하지 않는 순간이 이어져도 별로 신경 쓰이지 않습니다.

서로 이야기를 주고받는 것이 대화라고 해서 어느 한쪽이 이야기하지 않으면 안 된다고 생각할 필요 없습니다.

그런데 보통은 서로 이야깃거리가 없으면 대화가 종료되고 하고 싶은 이야기가 생기면 대화가 시작된다고 생각합니다.

상담이나 고민거리를 이야기할 때, 첫 대면 또는 친하지 않은 사람과 대화를 나누는 자리에서는 갑작스러운 침묵의 시간이 곤혹스럽습니다. 대화가 정체되는 순간 '무슨 말을 해야 하지?', '내 이야기가 재미없나?', '기분 나쁠 만한 이야기를 했나?' 등 부정적인 생각에 지배당하기 때문입니다.

상대가 생각할 시간을 준다

침묵이 곤혹스러운 이유는 뭔가 이야기해야겠다고 생각하기 때문입니다. 하지만 자신이 듣는 역할을 하고 있다고 생각하면 곤혹스러워할 필요 없습니다.

왜냐하면 침묵은 대화가 단절된 시간이 아니라 상대가 생각하는 시간이기 때문입니다. 침묵은 '조금 긴 틈'일 뿐입니다.

일상적인 대화를 나눌 때 약간의 틈이 생기는 일은 매우 흔

합니다. 서로의 이야기가 끊임없이 이어지는 경우는 없습니다.

'이제 무슨 이야기를 하지?', '상대는 무슨 생각을 할까?', '좀 진정해야겠어' 등과 같은 생각을 할 때는 어김없이 대화에 틈이 생깁니다.

> **"**
> 침묵의 시간이 찾아오면 상대는 이야기하고 싶어도
> 이야기할 수 없는 상태라는 의미입니다.
> **"**

'이대로 계속 말하면 될까?', '어떻게 정리해서 말하지?', '어디까지 이야기해야 하나?' 등 상대는 마음속으로 자문자답하고 있는 중입니다. 자신의 상황을 더 깊이 이해하는 시간을 갖고 있는 것입니다.

속마음을 이야기하게 만들고 싶다면 이 시간을 충분히 이용해야 합니다. 그저 기다리기만 하면 됩니다. 이때 듣고 있는 사람이 입을 열면 상대는 방해를 받는다고 생각합니다. 섣불리 침묵을 깨면 수용과 공감으로 쌓아 올린 신뢰 관계가 순식간에 무너질 수도 있으니 주의해야 합니다.

상대가 다시 말할 때까지 견딥니다

처음에는 5초간 침묵을 견뎌보자

심리상담사는 침묵이 찾아오면 상대가 이야기할 때까지 기다립니다. 침묵은 자기일치를 이룰 수 있는 중요한 시간이기 때문입니다. 상대의 속마음을 듣고 싶다면 계속 기다리는 게 좋습니다.

나의 경우 상담 시간 90분 동안 80분 정도 침묵이 계속된 적도 있었습니다. 이야기를 들은 시간은 처음 10분이었고 이후 상대는 줄곧 아무 말도 하지 않았습니다. 그 시간 동안 저는 창밖을 바라봤습니다. 80분의 침묵은 상대가 생각을 정리하는 시간이었습니다.

침묵의 시간을 잘 견디려면 훈련하는 방법밖에 없습니다. 일단 일상적인 대화에서 5초, 10초 등 시간을 정해두고 대화에 틈이 생기면 상대가 질문하지 않는 한 입을 다물고 가만히 있어봅니다.

이 방법을 반복해서 실천하면 침묵을 견딜 수 있는 시간이 조금씩 길어집니다. 다시 말해 상대의 속마음에 더 가까이 다가서게 됩니다.

애써 말하지 않아도 됩니다

말이 없는 사람에게는 천천히 다가가라

과묵한 사람과 대화할 때는 침묵에 좀 더 신경 써야 합니다.

말수가 적은 사람은 듣는 사람이 질문해도 답변하는 데 시간이 걸립니다. 답변도 단답형일 가능성이 높고 간혹 아무런 반응이 없을 때도 있습니다.

상대가 과묵한 사람일 때는 굳이 억지로 말을 끌어낼 필요 없습니다.

'말해도 좋고 말하지 않아도 좋다'는 식으로 그 과묵함을 받아들이면 됩니다.

아무리 과묵한 사람이라도 상대가 무조건적으로 받아들이고

있다고 느끼면 수용과 공감이 충만해져서 조금씩 이야기를 꺼

내기 시작합니다.

말수가 적다 하더라도 자신을 받아주는 사람, 알아주는 사람

에게 마음을 열고 싶은 것이 당연한 심리입니다.

듣는 사람도 초조해하지 말고 과묵한 사람의 말하기 방식에

끈기를 가지고 맞추다 보면 속마음을 이끌어낼 수 있습니다.

가까운 사람도 서서히 마음을 열어라

속마음을 억지로 끌어내려고 내뱉는 말이 있습니다.

바로 '우리가 남이야?'라는 말입니다.

남의 이야기를 들을 때 '우리가 남이야?'라는 식의 말을 종종

꺼내는 사람이 있습니다. 상대의 마음에 다가서겠다는 순수한

의도라 하더라도 심리상담사의 관점에서 보면 조금 지나친 표

현입니다.

공감이 아니라 동감을 초래하는 말이기 때문입니다.

남이 아닌 진짜 가족은 상대가 슬퍼할 때 함께 슬퍼하는 것

이 아니라 상대의 속마음을 그대로 받아들입니다. '우리가 남

이야?'를 남발하면 성가신 존재로 전락할 수 있다는 점에 주의해야 합니다.

누구나 속마음을 쉽게 드러내지 않습니다. 대개 남들이 눈치채지 않도록 마음속에 꼭꼭 숨겨두고 혹시라도 드러나지 않도록 신경 씁니다. 듣는 상대와 말하는 사람 모두 자기일치가 이루어져야 비로소 본마음을 꺼낼 수 있습니다.

이러한 본마음을 알고 느낄 수 있어야 성립되는 말이 '우리가 남이야?'입니다.

'우리가 남이야?'라고 말한다고 해서 상대가 속마음을 내비치는 것이 아닙니다. 속마음을 알기 때문에 남이 아닌 가족 같은 사이인 것입니다.

상대의 이야기를 잘 들어주는 사람은 이 점을 잘 알고 있습니다.

'우리가 남이야?'라고 말하기는 쉽지만 정말로 가족 같은 사이가 되는 것은 말처럼 쉽지 않다는 점을 기억하세요.

단 하나의 질문으로 충분합니다

방해하지 않고 유도하지 않는 6가지 질문

침묵은 속마음을 이끌어내는 데 매우 중요한 시간입니다.

침묵이 찾아왔을 때 상대가 이야기를 다시 꺼내기까지 기다

린다는 것은 상대가 마음을 정리할 때까지 충분한 시간을 준다

는 의미입니다.

하지만 스스로 자기일치에 이르지 못하는 사람도 있습니다.

"회사를 그만두고 싶은데요……."

"선배와 잘 지낼 자신이 없어요……."

"잘못됐다는 건 알지만 상사와 계속 부딪혀요……."

구체적인 고민을 말한 후에 입을 닫고 뭔가 생각하는 듯하지만 힘들어 보이고, 스스로 해결책을 찾아가고 있는 것 같은데 침묵이 몇 분씩 이어지는 경우입니다.

이럴 때는 듣는 사람의 도움이 필요합니다. 심리상담사는 상대의 생각에 깊이를 더하는 6가지 질문을 활용하여 상대가 스스로 해결책을 찾을 수 있도록 이끌어줍니다.

"왜 그런 생각을 하나요?"

"그렇게 하면 무슨 일이 일어나나요?"

"그렇게 하면 어떻게 되나요?"

"그렇게 하면 어떤 이득이 있나요?"

"그렇게 하면 어떤 손해가 있나요?"

"그렇게 하면 어떤 기분이에요? 어떤 느낌이에요? 어떤 생각이 들어요?"

상대의 생각을 방해하거나 유도하지 않는 질문입니다.

6가지 질문을 던지면 상대는 자기일치의 단계로 진입할 수 있습니다.

듣는 사람이 절대 해서는 안 되는 말

예를 들어 상대가 '회사를 그만두고 싶은데요……'라는 말을 꺼내고 나서 입을 다물었다고 합시다.

먼저 듣는 사람이 절대 해서는 안 되는 말이 상대의 의견을 부정하는 것입니다.

상대가 평소에 쉽게 회사를 그만둬서는 안 된다고 말하는 사람이라도 '그냥 다니는 게 좋아요', '다시 생각해봐요' 등과 같은 이야기는 금물입니다.

어디까지나 결론을 내리는 사람은 말하는 상대이지 듣는 사람이 아닙니다.

단지 듣는 사람은 '그만두고 싶다'는 말에 대해 앞의 6가지 질문 중 하나를 던지면 됩니다.

"왜 그만두려고 생각하나요?"

그러면 상대는 '왜 자신이 회사를 그만두고 싶어 하는지' 생각하기 시작합니다. 그리고 상대는 자기일치의 단계로 진입합니다. 이때 침묵의 순간이 찾아와도 상대가 다시 이야기를 시작할 때까지 기다려줍니다. 이 질문으로 상대는 자기 나름대로 답을 찾아가기도 합니다.

심리상담을 하다 보면 단 하나의 질문을 건넸을 뿐인데도 밝은 표정으로 돌아가는 사람들이 있습니다.

생각에 깊이를 더해 속마음을 이끌어내라

물론 질문 하나로 답을 찾지 못할 수도 있습니다.

'잘 모르겠어요'라고 답할지도 모릅니다. '적성에 맞지 않아요', '상사와 문제가 있어요'와 같은 말을 하면서 고개를 절레절레 흔들 때는 또 다른 질문을 해봅니다.

"회사를 그만두면 당신은 어떻게 되나요?"

"그만두면 어떤 이점이 있나요?"

"그만두면 어떤 손해가 있나요?"

이런 질문을 하면 상대가 자문자답을 반복하게 만드는 효과가 있습니다.

질문에는 듣는 사람의 의도가 전혀 반영되어 있지 않습니다.

'그만두고 싶다'라는 상대의 생각에 깊이를 더하기 위한 힌트를 제공할 뿐입니다.

상대는 자신의 생각을 파헤쳐가며 자기 나름의 결론에 도달할 것입니다. 이렇게 해서 찾아낸 답이 진정한 속마음입니다.

듣는 사람은 상대가 그 답을 말로 표현할 때 비로소 상대의 속마음을 알게 됩니다.

6가지 질문은 대면이 아닌 이메일 등 비대면 상담에서도 충분히 사용할 수 있습니다. 이메일로 질문을 전송하면서 대여섯 번 반복하면 대면일 때와 마찬가지로 상대는 자기 나름대로 결론을 도출해낼 수 있습니다.

이메일은 머릿속 생각을 글로 표현하기 때문에 얼굴을 마주보고 이야기하는 것보다 더 객관적으로 생각의 깊이를 더할 수 있습니다.

이렇게 해서 얻은 결론 또한 상대의 속마음입니다.

투명한 거울이 되어줍니다

상대는 당신을 통해 자신을 본다

말하는 상대가 속마음을 털어놓을 때까지 듣는 사람이 할 수 있는 일은 상대가 자기일치의 단계로 진입하도록 돕는 것뿐입니다.

말하는 사람이 자신의 마음속을 들여다보고 자기에 대해 생각하기 시작하면 듣는 사람의 역할은 거기에서 끝납니다. 그다음에는 상대가 다시 말할 때까지 침묵의 시간을 견디며 말없이 기다리면 됩니다.

심리상담사의 입장에서 말하자면 내담자가 다시 말하지 않아도 자신을 돌아보고 스스로 답을 찾았다면 그것으로 임무가 종료된 것이나 마찬가지입니다.

> "
> 있어도 좋고 없어도 좋은 존재.
> 이것이 잘 들어주는 사람의 이상적인 모습입니다.
> "

이를 심리상담의 세계에서는 '투명한 거울'이라고 표현합니다.
심리상담사는 거울처럼 아무것도 하지 않습니다.
내담자의 생각을 방해하거나 유도하지도 않습니다.
거울에 비치는 것은 내담자의 마음속에 있는 자신 그대로의
모습입니다. 어떠한 각색도 없고 왜곡도 없는 자신 자체의 모습인 것입니다.

있어도 좋고 없어도 좋은 존재

생각을 정리할 때 노트에 적어보는 것도 좋은 방법입니다.
대화를 나눈다고 하면 듣는 사람이 노트를 대신한다고 할 수
있습니다. 상대와 대화를 나눌 때 노트에 적는 것과 다른 점은

듣는 사람이 있으면 마음속 깊은 곳에 가라앉아 있는 생각까지 끄집어낼 수 있다는 것입니다.

거울과 같은 존재가 된다는 것에 위화감을 느끼는 사람도 있을 것입니다. 하지만 당신 주변에도 분명 '투명한 거울'과 같은 사람이 있습니다.

예를 들어 택시 기사를 생각해보세요. 택시 기사와 이야기를 나누다 보니 금방 목적지까지 도착한 경험이 있을 겁니다.

택시 기사는 승객의 이야기에 지나치게 감정 이입을 하지 않으면서도 능숙한 반응을 보이며 대화를 이어갑니다. 승객은 이야기할 때 스트레스를 전혀 느끼지 못합니다. 이야기하는 도중에 스스로 뭔가를 깨닫기도 합니다.

미용사나 헬스 트레이너, 바텐더 등도 그렇습니다.

어느 분야에서 인기 많은 사람일수록 직업적인 전문 기술뿐만 아니라 잘 듣는 기술도 뛰어납니다.

심리상담사를 처음 시작했을 무렵에 저는 있어도 좋고 없어도 좋은 존재가 된다는 게 무척 힘들었습니다. 내담자에게 적절한 조언을 하지 못할까 봐 두려웠습니다. 제대로 된 조언이나 해결책을 주지 못하면 돈을 받지 말아야 한다고 생각하기도 했습니다.

하지만 잘 들어주는 기술을 익힌 후 그저 듣기만 해도 된다는 확신이 생겼습니다. 이후로 힘을 빼고 상대의 이야기를 잘 듣는 법을 터득했습니다.

매일 듣는 연습을 합니다

잘 들어주는 사람이 되기 위한 훈련

3장과 4장에서 소개한 '신뢰 관계를 쌓아서 안심하고 이야기할 수 있게 만드는 듣기 방법'과 '속마음을 이야기하게 만드는 듣기 방법'은 일상생활에서 얼마든지 연습할 수 있습니다.

청크업 질문, 5W1H를 이용한 대화 이어가기, 미믹킹, 맞장구치기, 미러링, 침묵 견디기, 생각에 깊이를 더하는 6가지 질문 등은 모두 일상적인 대화에서도 충분히 실천할 수 있습니다.

친구나 가족, 회사 동료 등을 상대로 연습해봅시다.

일상적인 대화에서 의도적으로 이런 연습을 하면 갑자기 '왜 그래요?', '괜찮아요?' 등 이상하게 생각하는 사람도 있을 겁니다.

그럴 때는 '잘 들어주는 사람이 되려고 연습 중이에요'라고 솔직하게 고백합니다. 어쩌면 적극적으로 도와주는 사람도 있을지 모릅니다.

다만 상대가 심각한 이야기를 하고 있는데 연습하듯이 대응해서는 안 됩니다. 상대는 진지한데 아직 익숙하지 않은 방법을 구사하면 오히려 상처를 주거나 관계가 더 나빠질 수 있습니다. 심각한 이야기를 나눌 때 듣는 기술을 발휘하려면 조금 더 훈련이 필요합니다.

또한 아이, 특히 초등학교 저학년 이하의 아이들을 상대로 서툰 듣기 기술을 구사해서도 안 됩니다.

우선 전혀 연습이 되지 않을 뿐 아니라 오히려 대화가 더욱 산만해질 가능성이 높습니다.

초등학교 고학년과 중고등학생, 직장 동료나 친구, 연인과 일상적인 대화를 나눌 때 연습해보면 좋습니다.

실제 심리상담사도 일상적인 대화에서 훈련이라 생각하고 연습하는 경우가 많습니다.

HEAR

어떤 사람의 이야기도 편안하게 들을 줄 아는 사람
아무리 오래 들어도 지치지 않는 사람
그리하여 무한한 신뢰를 주는 사람

경청하지 마라,
나의 멘탈이 흔들리지 않으려면

하나하나 다 기억하지 않아도 됩니다

잘 듣는 데도 선택과 집중이 필요하다

듣기 전문가인 심리상담사는 아무리 들어도 지치지 않는 기술을 가지고 있습니다.

앞에서 말했듯이 상대의 이야기를 받아들이고 상대의 이야기에 공감하며 자기일치를 돕는, 이른바 듣는 데 열과 성을 다하면 아무래도 지칠 수밖에 없습니다.

심리상담사가 시간을 나눠서 내담자의 이야기를 듣는 이유는 내용에 상관없이 이야기를 계속 듣는 데도 에너지가 많이 소모되기 때문입니다.

더욱이 상사나 선생님, 선배 등 마주 앉아 있기에 불편한 사람의 이야기를 오랜 시간 듣고 있으면 딱히 집중하지 않아도 몸과 마음이 지치게 마련입니다. 또한 진지한 사람일수록 피곤한 정도가 더 큽니다.

여기서 소개하는 지치지 않고 듣는 방법은 듣고 싶지 않은 이야기를 어쩔 수 없이 들어야 할 때 활용하면 좋은 기술입니다.

열심히 듣지 않아도 됩니다

들을 줄 알면 지치지 않는다

심리상담사는 시간을 나눠서 상담을 받기는 하지만 하루 종일 내담자의 이야기를 듣는 것이 일입니다. 그런데도 지치지 않는 이유는 지치지 않게 듣기 때문입니다.

'지치지 않게 듣기'가 어떤 것인지 이해하기가 쉽지 않겠죠?

심리상담사를 막 시작했을 때는 저도 '지치지 않게 듣기'라는 말이 무슨 의미인지 몰랐습니다.

처음에는 선생님처럼 가르치려 드는 유형의 심리상담사였던 저는 상대의 이야기를 집중해서 듣고 정확한 조언을 하는 것이 상담의 핵심이라고 생각했습니다. 그러자 내담자의 이야기를 들을수록 피곤이 누적되더군요.

그런데 잘 듣는 기술을 터득하고 나서는 더 이상 지치지 않았습니다. 내담자 앞에 앉아 상대의 이야기에 맞장구를 치고 궁금한 점이 있으면 질문합니다. 그러다 보면 상대가 스스로 뭔가를 깨닫고 돌아갑니다.

대충 얼렁뚱땅 일한다는 의미가 아닙니다. 그것이 바로 잘 들어주는 사람의 모습입니다.

꼭 필요한 것만 확실하게 듣는다

그럼 어떻게 해서 하루 종일 듣고 있어도 지치지 않는 것일까요?

사실은 내담자의 이야기를 하나부터 열까지 전부 다 듣지 않기 때문입니다. 이야기의 3분의 1 정도밖에 듣지 않는 것 같습니다. 그런데도 내담자의 불평불만이 없습니다.

지치지 않고 듣는 법의 핵심은 '얼마나 듣지 않으면서 상대를 만족시키는가' 하는 것입니다. 물론 3분의 1 정도만 들어도 상대를 받아들이고 공감하며 자기일치를 촉진시켜 스스로 해결책을 찾는 데 도움을 줄 수 있습니다.

이것이 들을 줄 아는 비법이기도 합니다.

자신의 이야기를 녹음해서 들어본 적이 있나요?

내용을 보면 하나부터 열까지 전부 들을 필요 없음을 깨닫게 됩니다. 이야기를 하다 보면 부연 설명이 길어지고 옆길로 빠지기도 합니다. 이야기를 정리하고 나면 '결국 하고 싶은 말이 겨우 이것밖에 안 되나?'라고 놀라기도 합니다.

잘 들어주는 사람은 전부 듣지 않더라도 상대가 '하고 싶은 말'은 절대 놓치지 않습니다.

> **"**
> 상대의 말을 들으면서 지치는 이유는 하나부터 열까지
> 전부 열심히 들어야 한다고 생각하기 때문입니다.
> **"**

진지한 사람일수록 이런 생각이 강합니다. 중요한 부분에만 집중하면 아무리 오래 들어도 피곤하지 않습니다. 잘 들어주는 사람일수록 사실은 열심히 듣지 않습니다. 다만 꼭 들어야 할 이야기는 결코 빠뜨리지 않고 머리에 새기는 것이죠.

말소리가 아닌 감정을 듣습니다

말속에 숨은 감정을 파악하라

'말의 에너지 폴리그래프'를 활용하면 이야기의 핵심만 들을 수 있기 때문에 아무리 많이 들어도 피곤하지 않습니다.

사람의 말에는 감정이라는 에너지가 실립니다. 이 에너지의 높낮이에 따라 말하는 방식이나 목소리 크기, 리듬이 변합니다.

분노가 정점에 달하거나 기쁨이 폭발해서 에너지가 높아지면 어조가 강해지고 목소리가 커지며 같은 말을 몇 번씩 반복합니다.

슬픔이나 후회 등으로 감정 에너지가 떨어지면 침울한 어조가 되고 목소리가 갈라지며 들리지 않을 정도로 작아집니다.

인간의 감정은 언제나 흔들리기 때문에 에너지의 높고 낮음도 일정하지 않습니다. 이런 에너지의 흔들림을 심전도(폴리그래프)처럼 표현한 것이 '말의 에너지 폴리그래프'입니다. 이것은 심리상담 훈련 중 하나이기도 합니다.

감정이 실린 말만 골라낸다

노트나 종이를 펼쳐서 중앙에 노란색 선을 그은 다음 이야기를 들으면서 에너지가 높아지면 노란 선보다 위에, 낮아지면 노란 선보다 아래에 에너지의 파동을 표시합니다. 파동의 높이는 자신의 느낌으로 정해도 됩니다.

회의나 세미나, 강연회에서도 말의 에너지 폴리그래프를 그려봅니다. 텔레비전을 보면서 해도 좋습니다. 누군가의 이야기를 들으면서 폴리그래프를 그려보면 에너지가 높아질 때와 낮아질 때가 언제인지를 확실히 구분할 수 있습니다.

주목해야 할 점은 높아지거나 낮아지는 폭이 급격한 부분입니다. 그곳이 상대의 이야기에서 중요한 부분으로 놓쳐서는 안 되는 지점입니다.

상대의 이야기를 들으면서 폴리그래프를 그려보면 어디서 감정의 폭이 커지는지 서서히 알게 됩니다. 심리상담사는 감정이 실린 부분만 신경 써서 듣고 나머지 이야기는 대부분 흘려 듣습니다.

> 감정이 실린 말만 구분해서 듣습니다.
> 그 말에 궁금한 점이 있으면 질문합니다.
> 그러면 하루 종일 이야기를 들어도 지치지 않습니다.

'말의 에너지 폴리그래프'를 그려보고 실천해봅니다.

감정이 실리지 않은 부분을 배제할 수 있다면 듣는 일이 한결 수월해집니다. 그뿐만 아니라 중요한 부분을 놓치지 않게 됩니다.

상대의 감정에 흔들리지 않습니다

이야기의 80~90퍼센트는 중요하지 않은 내용

'말의 에너지 폴리그래프'를 작성해보면 이야기의 80~90퍼 센트는 별로 중요하지 않은 내용임을 알 수 있습니다. 극단적 으로 말해서 귀담아듣지 않아도 되는 이야기입니다.

상대도 중요하지 않은 내용을 이야기할 때는 듣는 사람이 딴 청을 피워도 웬만해서는 화내지 않습니다. 그러나 감정이 실린 중요한 이야기를 듣지 않을 때는 화를 냅니다.

대개 상사나 선배, 선생님과 대화를 나눌 때는 듣고 싶지 않 은 이야기도 많고 도중에 자리를 떠날 수도 없습니다. 건성으 로 듣고 있다는 것을 상대가 눈치채면 안 되니 귀 기울이는 모습을 보여주어야 하는데, 이럴 때일수록 감정이 실린 말은 놓치지 말아야 합니다.

이 점을 주의해서 들으면 좋은 평가를 받을 수 있습니다.

다이아몬드 멘탈이 필요한 순간

듣고 싶지 않은 이야기 중에 특히 견딜 수 없는 것은 기 싸움을 하려는 사람과 나누는 대화입니다. 묵묵히 듣는 역할을 다하고 있는데도 우위를 점하려고 기 싸움을 걸어옵니다.

쓸데없는 내용이 대부분이지만 상하 관계여서 자리를 뜰 수 없을 때는 정말 곤혹스럽습니다. 하지만 심리상담사는 기 싸움을 걸어와도 신경 쓰지 않습니다.

자신의 가치관을 배제하고 이야기를 듣기 때문에 상대의 말을 그대로 받아들일 수 있습니다. 말하자면 애초에 싸움이 안 되는 것입니다.

가치관을 배제하려면 먼저 자신의 가치관이 뚜렷해야 합니다. 이를 위한 연습으로 '멘탈 다이아몬드 트레이닝'이 있습니다.

트레이닝이라고 하지만 게임처럼 즐기면서 실천할 수 있는 수준입니다.

일상에서 사용하는 물건을 고를 때 매번 '이게 정말로 필요한 가?', '정말 이거면 되나?'라고 자기와 대화하면서 선택해봅니다.

수년에 한 번이나 1년에 한 번 살까 말까 한 물건이 아니라 일상용품을 살 때 더 효과적입니다. 예를 들어 두루마리 휴지, 티슈, 행주, 수건, 청소용품 등입니다.

이런 일상용품을 고를 때 '이게 정말로 필요한가?', '정말 이거면 되나?' 하고 자문자답합니다. 그러면 어떤 물건을 고르든 누가 뭐래도 자신의 가치관으로 선택하게 됩니다.

이를 반복하면 자신은 '이런 점을 중시한다', '이런 것을 좋아한다'는 자신의 가치관을 깨닫게 됩니다.

자신의 가치관에 흔들림이 없으면 필요할 때 가치관을 배제할 수 있습니다. 왜냐하면 언제든 원래대로 돌아갈 수 있기 때문입니다.

가치관이 확고하면 싸움을 거는 듯한 상대의 말도 편안히 수용할 수 있는 여유가 생깁니다.

때로는 냉담한 반응이 필요합니다

'그런데'에는 '그런데'로 대응하지 않는다

기 싸움을 걸어오는 사람만큼이나 힘든 유형이 있습니다. 바로 '그런데 말이야'를 남발하는 이른바 말끝마다 '토를 다는 사람'입니다.

후배 "어제 부장님께 업무에 대해 한마디 들었어요."

선배 "○○씨에게 좀 도와달라고 해."

후배 "그런데 ○○씨랑은 좀 껄끄러워서요."

선배 "마감 맞출 수 있어? 좀 연장해달라고 해."

후배 "하지만 그런 말을 했다가는 나쁜 평가를 받을까 봐서요……."

번번이 토를 다는 말습관을 가진 사람은 대화를 주고받을 때마다 '그런데', '하지만'과 같이 부정하는 말로 시작하는 게 특징입니다. 이런 사람들이 피곤한 이유는 '그런데', '하지만'이 반복되면서 이야기가 끝나지 않기 때문입니다.

게다가 이야기하는 본인은 자신이 그러는 줄 모르는 경우가 대부분입니다. 듣는 사람의 입장이 되어도 '그런데', '하지만'을 멈추지 않습니다.

이런 대화를 하지 않으려면 상대가 '그런데'라고 해도 '그런데'로 대응하지 않아야 합니다. 말하고 싶어도 의도적으로 참는 것이 좋습니다.

'토를 다는 사람'에게는 냉담한 반응이 최선입니다.

'그런데'라고 반응하면 이야기가 끝나지 않을 뿐만 아니라 반론을 주고받다가 자칫 험악한 분위기로 흐를 수 있으니 주의해야 합니다. '토를 다는 사람'에게 반응을 보이면 피곤해질 뿐입니다.

상대를 똑바로 쳐다보지 않는다

간접 시야를 익혀두는 것도 도움이 됩니다.

간접 시야란 이야기를 들을 때 상대를 똑바로 보지 않는 것입니다. 구체적으로 말하면 상대의 얼굴에만 초점을 맞추지 말고 시야를 바닥이나 천장까지 확장합니다. 상대의 얼굴을 풍경의 일부로 본다고 생각하는 것입니다.

사람의 눈을 보고 이야기해야 상대를 받아들이고 공감하는 것처럼 보입니다. 하지만 상대의 눈을 보고 이야기를 들으면 자칫 지나치게 빠져들 수 있습니다.

상대의 얼굴을 똑바로 보지 않으면 반론을 제기하기도 편합니다.

또한 상사나 선배의 이야기를 들을 때 눈을 쳐다보면 압도당해서 하나부터 열까지 놓치지 않고 들어야 할 것 같은 압박감을 느끼기도 합니다. 하지만 간접 시야를 두면 이러한 압박에서 벗어날 수 있습니다.

간접 시야를 익히려면 연습이 필요하지만 익숙해지면 스마트폰을 보면서 이야기를 들어도 상대가 눈치채지 못합니다.

상대와 호흡을 맞추며 들어줍니다

비대면일수록 상대의 리듬에 맞춘다

마지막으로 전화 통화나 화상 통화를 할 때도 지치지 않고 듣는 기술을 알아보겠습니다.

전화로 이야기를 들을 때 3가지 포인트가 있습니다.

- 호흡 맞추기
- 편안한 자세 취하기
- 스피커폰이나 이어폰 활용하기

전화 통화를 할 때는 마주 앉아 이야기를 들을 때 이상으로 상대의 리듬을 깨지 않도록 주의해야 합니다. 포인트는 호흡을 맞추는 것입니다. 방법은 간단합니다.

상대가 이야기할 때는 숨을 내쉬는 타이밍이고 이야기를 멈추면 숨을 들이마시는 타이밍입니다. 이 리듬에 맞춰 반응을 보이면 상대가 편하게 이야기를 이어갑니다.

또한 지치지 않으려면 편안한 자세를 취하는 것도 중요합니다. 재택근무라면 편안한 복장과 자세로 스피커폰을 켜거나 이어폰을 끼고 대화를 나누는 것이 좋습니다. 전화로 대화를 나눌 때 누릴 수 있는 이점을 적극적으로 활용해보세요.

화상 통화일수록 편한 분위기를 만든다

코로나19로 인해 화상 통화(영상 통화)로 일하는 방식이 새롭게 각광받고 있습니다. 상대의 얼굴을 보고 표정을 읽으면서 이야기를 나누니 얼굴이 보이지 않는 전화 통화와는 또 다른 느낌입니다.

영상 통화를 할 때 포인트는 다음 2가지입니다.

- 화면이 아니라 카메라 보기
- 편안한 자세 취하기

모니터 화면을 보고 이야기를 듣는 것이 아니라 카메라를 응시합니다. 당신의 표정은 카메라를 통해 보여집니다. 카메라를 봐야 상대와 시선을 맞출 수 있습니다.

영상 통화는 직접 마주 앉아서 상대의 눈을 바라보는 것보다 저항감이 덜할 것입니다.

또 한 가지는 전화 통화와 마찬가지로 편안한 자세를 취하는 것이 좋습니다.

전화 통화처럼 지나치게 자유로울 수는 없겠지만 너무 긴장하거나 딱딱한 자세로 있으면 상대가 말하기 부담스러울 수 있습니다. 카메라 앞에서 몸이 경직되면 쉽게 지치기도 합니다.

특히 상대가 부하직원이거나 첫 대면인 경우에 내가 먼저 편안한 자세를 취하면 상대는 훨씬 편하게 이야기할 수 있습니다.

상대의 말을 잘 들어주는 것은
상대에게 최고의 찬사를 보내는 것과 같다.

데일 카네기

HEAR

자기긍정감이 낮으면 남의 말을 듣지 못한다
남의 말을 잘 들으면 자기긍정감이 높아진다
그리하여 어떤 일도 해낼 수 있는 자신감이 생긴다

듣는 것을 즐겨라,
나의 가치를 올리려면

'내 얘기 들어줘서 고마워요'

듣기만 했는데 상대가 긍정적으로 바뀐다

잘 들어주는 기술을 몸에 익히고 '뭐든 이야기해도 되는 사람'이 되면 당신은 물론 주위 사람들도 행복해집니다.

잘 들을 줄 아는 사람이 되면 효과적인 조언이나 마음 씀씀이를 느낄 수 있는 따뜻한 말을 건네지 않아도 됩니다. 그저 듣기만 해도 상대는 긍정적인 마인드를 갖고 고마워합니다.

"짜증 나는 일이 있었는데 이야기하니까 풀렸어요."

"어찌할 바를 몰랐는데 이제 방법이 보이네요."

"고마워요. 내일부터 다시 열심히 해볼게요."

이야기를 듣기만 했는데도 상대가 기뻐하는 모습을 보면 뿌듯한 기분이 듭니다. 그 자리에서 바로 상대가 어떻게 바뀌었는지 알 수 없더라도 들을 줄 알게 되었다는 것을 실감하는 순간입니다.

'당신의 이야기를 들려주세요'

듣는 데 서툰 사람들의 실수

지금 저는 심리상담사로서 사람들의 이야기에 귀 기울이는 일을 하고 있지만, 원래 저도 남의 이야기를 듣는 걸 별로 좋아하지 않았습니다. 왜냐하면 남의 이야기를 진득하게 듣는 데 서툴렀기 때문입니다.

젊었을 때는 대화를 나누다 '이렇게 하는 게 더 좋잖아!'라는 생각이 들면 곧장 상대의 이야기를 끊고 조언이나 충고를 했습니다. 아마도 선생님처럼 가르치는 유형이었나 봅니다.

상대가 조언대로 실행하면 좋겠지만 언제나 그렇지는 않습니다. 상대도 나름대로 자기 생각이 있기 때문에 저의 조언이

마음에 들지 않으면 따르지 않겠죠.

'그럴 거면 왜 상담하는 거야? 시간 낭비잖아……'라는 생각이 들었습니다. 아무리 좋은 조언을 해도 그것을 실행할지 말지는 상대가 정합니다. 상담을 잘해줘도 상대가 바뀌지 않는다고 생각했던 시기가 있었습니다.

그런데 심리상담 기술을 배우고 듣는 방법을 익힌 후에는 상대가 바뀐다는 것을 깨달았습니다. 물론 제가 상대를 바꿀 수는 없습니다. 상대는 스스로 바뀐 것입니다. 사람도 바뀔 수 있다는 사실에 놀란 순간이었습니다.

상대가 진정으로 원하는 것

예를 들어 누군가 저에게 짜증 나는 일을 겪었다며 상담을 요청했다면 어떤 반응을 보일까요?

과거의 나 "왜 짜증이 났나요?"
현재의 나 "무엇 때문에 짜증이 났나요?"

과거의 반응과 현재의 반응에서 어떤 점이 달라졌을까요?

과거에는 짜증의 원인에 집중했습니다. '어떻게 하면 짜증이 풀릴까?', '이렇게 하면 짜증이 풀리겠지?' 하고 상대의 기분을 풀어줄 방법을 찾기 위해 질문했습니다.

반면 현재는 '무슨 일로 짜증이 났는지 이야기를 들려줘'라는 의미로 질문합니다.

이처럼 '내가 해결해줄게요'에서 '당신의 이야기를 들려주세요'로 듣는 방법을 바꿨더니 상대가 훨씬 편하게 이야기했습니다. 상대가 해결책을 바라지 않는 한 이 정도가 딱 적당합니다.

대부분의 사람들은 이야기하면서 스스로 해결의 실마리를 찾습니다. 스스로 해결책을 떠올리지 못했을 때는 먼저 조언을 요청할 것입니다. 그때는 말하는 사람도 생각이 정리된 상태이므로 효과적인 조언이 가능합니다.

상대의 이야기를 들어주는 입장이라면 해결책은 말하는 사람이 갖고 있다는 점을 명심해야 합니다.

나의 영향력이 올라갑니다

듣는 것 하나만으로 없어서는 안 될 존재

'이야기를 잘 들어주는 사람'이 되면 회사 내에서 좋은 평가를 받을 수 있습니다.

예를 들어 당신이 부하직원이나 상사 사이에 낀 중간관리자라면 상사의 신임을 얻을 수 있습니다. 왜냐하면 부하직원의 불평불만이나 부족한 부분을 메워주기 때문입니다.

부하직원의 입장에서도 무슨 일이든 상담할 수 있는 사람이나 언제든 이야기를 들어주는 사람은 기댈 수 있는 존재입니다. '무슨 일이 생기면 찾는 사람'이라는 신뢰가 형성됩니다.

또한 윗사람이나 아랫사람의 정보도 쉽게 파악할 수 있는 위치이므로 서로의 입장을 원만하게 조정할 수 있습니다. 이미 신뢰를 얻고 있기 때문에 의견 대립이 일어나도 최종적으로는 인정받는 경우가 많습니다.

그래서 잘 들을 줄 아는 사람이 되면 상대가 윗사람이든 아랫사람이든 스트레스받을 일이 크게 줄어듭니다.

어떤 말을 해도 안심이 됩니다

잘 들을 줄 아는 사람이 성과도 좋다

구글은 통계학자, 조직심리학자, 사회학자 등으로 구성된 '아리스토텔레스 프로젝트'를 발족하여 '훌륭한 팀에게 필요한 조건은 무엇인가?'를 분석했습니다.

이 프로젝트를 통해 알게 된 사실은 생산성이 가장 높은 팀은 '심리적 안전감'이 탁월하다는 것이었습니다.

말하자면 팀원 전원이 자기 의견을 솔직하게 말할 수 있는 환경, 즉 팀원들이 대부분 잘 들어주는 사람들이라는 것입니다.

요즘은 얼굴을 직접 마주하고 이야기할 기회가 줄었다고는 하지만 회사원은 하루 중 대부분의 시간을 다른 직원과 커뮤니케이션을 하는 데 소비합니다.

같은 공간에 상대의 말을 잘 들어주는 사람이 얼마나 많은지에 따라서 생산성이 크게 달라진다는 사실에 주목할 필요가 있습니다.

어떤 이야기를 해도 잘 들어준다는 믿음이 있으면 다양한 아이디어를 부담 없이 내놓게 마련이니까요.

거북한 사람의 이야기도 문제없습니다

피할 수 없는 대화는 걸러서 들어라

회사를 다니다 보면 아무래도 피할 수 없는 커뮤니케이션이 있습니다.

잔소리 심한 상사

대부분이 자기 자랑인 거래처 직원

잡담만 하는 선배와의 회의

이런 자리, 이런 사람과 대화를 나누는 일은 가능하면 피하고 싶습니다.

개인적인 관계라면 이야기를 듣고 싶지 않을 때는 만나지 않으면 그만이고, 도중에 듣기 싫으면 적절한 핑계를 대고 자리를 떠나면 됩니다. 하지만 회사에서는 상하 관계로 연결되어 있기 때문에 그런 태도를 보일 수 없습니다.

게다가 이런 사람들은 이야기하면서 상대가 잘 듣고 있는지 말이나 표정으로 꼭 확인합니다. 그래서 마지못해 듣고 나면 몸도 마음도 지칩니다.

듣는 척하는 용기가 없으면 이야기를 듣는 동안 계속 정신적인 피로가 축적될 뿐입니다.

거북한 사람과 대화해도 피곤하지 않다

잘 들어주는 사람은 거북한 사람과 오랜 시간 대화를 나눠도 전혀 피곤하지 않습니다.

업무상 피할 수 없는 대화에서는 주로 듣는 사람의 입장에 놓이는 경우가 많습니다. 이럴 때일수록 잘 듣는 기술을 몸에 익혀서 활용해보세요.

먼저 이야기를 하나부터 열까지 모두 들으려고 하지 마세요.

감정이 실린 중요한 부분만 잘 들어주면 상대가 자기 이야기를 제대로 듣지 않는다고 야단치거나 핀잔을 줄 일이 없습니다. 상대가 눈치채지 못하게 '간접 시야'를 활용하면 압박감도 덜할 것입니다.

다음으로 대화를 이어가는 것에 집중합니다.

상대는 이야기를 하고 싶은 것뿐이니 실컷 말하도록 내버려 둡니다. 이때는 맞장구를 치면서 대화를 이어가는 것이 중요합니다. '그렇군요', '맞아요', '재미있군요' 등의 반응을 보이며 이야기가 멈추지 않도록 주의합니다.

잘 듣는 방법이란 편하게 듣는 기술이기도 합니다. 아무리 거북한 사람의 이야기도 스트레스 없이 들을 수 있도록 말입니다.

대화를 나누고 나면 지치는 이유는 너무 진지하게 듣기 때문이기도 합니다. 적당히 들을 줄 아는 것도 기술입니다.

상대를 알아주는 존재가 됩니다

들을수록 유익한 정보가 늘어난다

영업사원이나 판매사원과 같이 물건이나 서비스를 판매하는 사람이 상대의 이야기를 잘 들어주면 영업 성과도 좋아집니다.

세상에는 말주변이 없어도 실적이 좋은 영업사원들이 있습니다. 당신 주위에도 그런 사람이 있을 것입니다.

평소에 말수가 적어서 도저히 언변이 뛰어나다고 할 수 없는데도 영업 실적이나 판매 성과가 좋은 사람이 있습니다. 이런 사람은 말하기보다 듣기 전문가일 가능성이 큽니다.

잘 들어주는 사람은 고객의 속마음(니즈)을 잘 파악할 줄 압니다. 현란한 말솜씨로 상대를 설득하고 내가 원하는 방향으로 유도하는 것이 아닙니다. 그들은 고객이 스스로 자신의 속마음을 털어놓게 만듭니다.

이것은 심리상담사가 수용, 공감, 자기일치를 통해 상대가 스스로 해결책을 찾도록 돕는 것과 같은 원리입니다.

자신이 원하는 것을 제공하는 가게나 서비스라면 망설임 없이 구매하고 사용하는 것과 마찬가지입니다.

잘 들어주는 사람이 영업 성과가 높은 이유는 고객의 입장에서 '이야기를 들어주는 사람 = 자신을 알아주는 사람 = 신뢰할 수 있는 사람'이라는 등식이 성립되기 때문입니다.

보통은 물건이나 서비스를 구매할 때 가격이 조금 비싸거나 기능적으로 조금 부족해도 믿을 만한 사람에게 사고 싶은 것이 인지상정입니다. 말주변이 없는 사람이 굳이 말을 잘하려고 노력하지 않아도 됩니다. 잘 들어주는 사람이 되면 영업 활동에도 큰 도움이 됩니다.

화난 상대도 두렵지 않다

잘 듣는 방법을 익히면 고객의 클레임 전화도 두렵지 않습니다. 클레임 전화를 받아본 사람들은 알겠지만 일관성 있게 사과만 잘하면 아무리 화가 많이 난 고객이라도 점점 화가 누그러집니다.

"나도 화내려고 전화한 게 아닙니다."
"당신이 잘못했다는 말이 아닙니다."

클레임 전화를 거는 사람은 화풀이할 곳이나 상대가 필요하기 때문에 그저 들어주기만 해도 됩니다.

이런 사람을 상대로 회사의 원칙 운운하며 시시콜콜 부정한들 아무런 효과가 없습니다. 오히려 반발심만 키워서 더욱 화를 돋워 상황이 악화될 뿐입니다.

상대의 호흡에 맞춰 맞장구를 치면서 그저 이야기를 듣기만 하면 됩니다.

처음에는 격앙된 감정으로 전화를 걸어서 한바탕 이야기를 쏟아내고 나면 어느새 화가 풀려 너그러운 마음으로 바뀔 것입니다.

마음 그릇이 커집니다

귀 기울일수록 듣는 즐거움을 얻는다

심리상담을 하다 보면 '남의 이야기를 듣는 게 즐거운가요?' 라고 물어보는 사람들이 있습니다.

상담이라고 하면 대부분 어둡고 부정적인 이야기를 듣는다는 이미지가 강합니다. 보통은 고민이나 고통에서 벗어나기 위해 심리상담사를 찾으니까요. 무거운 주제의 이야기를 한다는 것은 부정할 수 없습니다.

하지만 저는 심리상담이 즐겁습니다. 현실감 넘치는 휴먼 드라마를 직접 경험할 수 있기 때문입니다.

제 앞에서는 항상 영화나 소설로 만들어도 좋을 리얼 드라마가 펼쳐집니다. 게다가 똑같은 이야기는 하나도 없습니다.

이런 인생이 있구나, 이런 생각도 가능하구나, 이런 일도 일어나는구나 등, 나와 다른 삶을 살아가는 사람들의 모습을 보면서 그야말로 매 순간 놀라움의 연속입니다.

심리상담은 자신과 다른 인생에 귀를 기울이며 인간을 이해하는 즐거움이 있습니다.

사람들이 끊임없이 찾아온다

저는 언제나 다른 사람의 이야기에서 무언가를 배웁니다. 나와 다른 새로운 가치관이 들어 있기 때문이죠.

이것은 이야기를 잘 들을 줄 아는 사람만이 누릴 수 있는 기회입니다. 자기 이야기만 하는 사람은 이런 기회를 놓치는 것이죠.

자기 이야기만 해서는 새로운 지식을 얻을 수 없습니다. 바로 눈앞에 자신의 시야를 넓혀줄 존재가 있는데 안타까운 일이지요.

사람이 평생 경험할 수 있는 일은 한정되어 있습니다. 서른

살이면 30년, 쉰 살이면 50년 분량의 경험입니다. 그런데 다른 사람의 이야기를 들으면 그만큼 더 많은 간접경험을 얻을 수 있습니다.

상대가 자신보다 아랫사람이라면 '아직 어린 사람 이야기를 들어봐야 무슨 도움이 되겠어'라고 생각할 수도 있을 것입니다. 하지만 아직 어리고 경험이 부족해 보이는 사람의 이야기에도 귀를 기울여보세요. 사소하더라도 자신이 경험하지 못한 지식을 얻게 될 것입니다.

업무 경력이나 인생 경험이 자신보다 적어도 다른 경험과 생각, 가치관을 반드시 발견할 수 있습니다. 여기서 우리는 인생을 배울 수 있습니다.

잘 듣는 법을 익혀서 잘 들어주는 사람이 되면 자신의 시야를 넓혀줄 사람들이 끊임없이 찾아옵니다.

사람들의 이야기를 들을수록 나의 마음 그릇, 지식의 그릇도 점점 커집니다.

듣는 만큼 긍정적인 에너지가 쌓입니다

부정적인 감정이 생기지 않는다

잘 들어주는 방법을 익히면 자신의 정신에도 좋은 영향을 미칩니다. 우선 사소한 일로 조바심을 내는 일이 줄어들고 다툼도 없어집니다.

대화를 나누다 자신의 생각과 다른 이야기를 하거나 옳다고 여기던 일을 부정당하면 조바심이 생기거나 감정이 격해집니다.

이런 이야기를 들으면 아무래도 듣는 데 집중하기가 어려운 법이죠.

'그건 좀 아니잖아.'

'그건 잘못된 생각이야.'

'난 그렇게 생각하지 않아.'

이런 말이 목구멍까지 치고 올라오면 급기야 참지 못하고 터트려버립니다.

잘 들어주는 사람은 이런 감정이 생기지 않습니다. 왜냐하면 자신의 가치관을 배제하고 듣기 때문입니다.

상대를 있는 그대로 받아들이고 '이 사람은 어떤 사람일까?', '어떤 생각을 하고 있을까?'라는 입장에서 듣기 때문에 '그건 아니야'라는 생각이 떠오르지 않습니다.

그뿐만 아니라 잘 들어주는 사람은 중요한 부분만 구분해서 듣기 때문에 감정 소모가 적습니다. 애초에 듣는 분량이 적으니 조바심이 생기지 않는 것입니다.

또한 공감은 해도 동감은 하지 않기 때문에 상대가 부정적인 이야기를 해도 동요하지 않습니다.

이처럼 잘 듣는 법을 몸에 익히면 대화를 나눌 때 상대가 아무리 심각하고 말도 안 되는 이야기를 늘어놔도 정신적으로 안정을 유지할 수 있습니다.

잡다한 생각이 줄어든다

커뮤니케이션할 때 스트레스가 사라지면 좀처럼 떠나지 않던 잡다한 생각들도 사라집니다.

머릿속을 떠나지 않는 잡다한 생각들은 자신의 잘못이나 실수보다 상사나 선배, 연인, 친구, 가족에게 받은 비난이나 지적에서 비롯되는 경우가 많습니다.

상대의 이야기를 잘 처리하지 못해서 생기는 스트레스가 잡생각의 원인입니다.

하지만 잘 들어주는 사람은 커뮤니케이션으로 인한 스트레스가 거의 없습니다. 머릿속을 떠나지 않는 잡다한 생각이나 마음에 걸리는 일이 줄어들면 우리의 삶이 얼마나 행복할지 상상해봅시다.

인간관계가 즐거워집니다

잘 들어주는 사람은 미움받지 않는다

잘 들어주는 사람은 자연히 인간관계도 좋습니다. 왜냐하면 커뮤니케이션할 때 갈등이 거의 없기 때문이죠. 자신의 모든 것을 받아들이고 이야기를 들어주는 상대를 좋아하는 사람은 있어도 싫어하는 사람은 없습니다.

다만 위로나 동정을 바라고 자신을 감싸주기를 원하는 사람에게는 차갑다는 인상을 주기도 합니다. 단순히 '이야기를 들어주는 사람' 이상의 대화 상대가 필요한 사람에게는 부족할 수 있습니다. 하지만 이런 귀찮은 상대와는 거리를 둘 수 있기 때문에 오히려 인간관계가 즐거워집니다.

어떤 말보다 큰 위로를 줍니다

자신의 가치를 깨닫게 된다

자기긍정감이 낮으면 잘 들어주는 사람이 되기 어렵다고 말했습니다. 반대로 잘 듣는 법을 몸에 익히면 자기긍정감을 되찾을 수 있습니다.

자기긍정감이 낮은 사람은 자신이 하는 일에 가치를 느끼지 못합니다. 그래서 일상생활을 할 때나 일할 때도 자신이 없습니다.

하지만 잘 들을 줄 알게 되면 상대의 이야기를 들어주는 것이 얼마나 가치 있는 일인지 조금씩 깨닫게 됩니다.

> ❝ 상대의 말을 잘 들어주는 것의 가치를 조금씩 깨닫다 보면
> 서서히 자기긍정감을 되찾을 수 있습니다. ❞

'이야기를 들어줘서 고맙습니다'와 같은 감사의 인사를 듣고, 나아가 상대가 자신으로 인해 긍정적인 힘을 얻고 위로받는다는 것을 느낍니다. 그렇게 되면 누군가가 상담을 요청하는 일도 생깁니다.

단 한 사람이라도 내 얘기를 들어준다면

세상에 잘 들어주는 사람이 늘어나면 구원받는 생명도 분명 늘어날 것입니다. 이것은 이 책에서 제시하고자 하는 또 다른 메시지이기도 합니다.

인간관계에서 생기는 다양한 고민을 비롯하여 업무상 고민, 금전적 고민, 빈곤, 마음의 병, 은둔형 외톨이, 사회적 고립 등과 같은 사회문제들을 해결할 방법이 있습니다.

잘 들어주는 사람이 늘어나면 사회문제의 80퍼센트가 자연스럽게 해결된다고 생각합니다. 문제가 완전히 해결되지는 않더라도 최악의 상황은 피할 수 있다고 믿습니다.

어째서 이런 사회문제는 줄어들기는커녕 사회가 발달할수록 늘어나기만 하는 걸까요?

그 원인 중 하나는 이러한 문제를 겪고 있는 사람들이 도움을 요청하지 않기 때문입니다. 문제가 생겼을 때 주변에 상담할 수 있는 사람, 장소, 조직이 없기 때문입니다.

다시 말해 도움의 목소리에 귀 기울이는 사람이 너무나 부족하기 때문입니다.

물론 공적 기관이나 NPO 법인, 의료기관 등이 곤란을 겪고 있는 사람들의 이야기를 들어주는 일을 합니다. 하지만 거기서 이야기를 들어주는 사람이 반대로 상처를 받는 안타까운 상황이 벌어지고 있는 것 또한 새로운 사회문제로 부각되고 있습니다.

> **주변에 내 이야기를 들어줄
> 단 한 사람만 있어도 좋습니다.**

'도와주세요'라는 목소리에 비판하지 않고, 설교하지 않으며, 경시하지도 않고, 그저 묵묵히 이야기를 들어주는 것. 이것이야말로 사방이 벽으로 막힌 어둠 속에서 벗어날 수 있는 계기가 되리라 믿습니다.

수용과 공감과 자기일치를 바탕에 두고 상대의 이야기에 귀 기울이는 것은 누군가의 인생에 한 줄기 빛이 될 수 있습니다.

당신 주변에는 당신의 이야기를 들어주는 사람이 있나요?

> **당신의 이야기를 들어주는 사람이 있다면
> 그 사람은 당신의 인생에서 무엇과도 바꿀 수 없는 보물입니다.**

이 책을 읽는 사람이라면 어떠한 이유로 남의 이야기를 듣는 것에 흥미나 문제의식을 느끼고 있을 것입니다.

잘 듣는 기술을 익혀서 남의 이야기를 귀담아들을 줄 아는 사람이 늘어나면 세상은 지금보다 더 좋아질 것입니다.

수용, 공감, 자기일치를 익히고 남의 이야기를 듣고자 할 때 이 책이 조금이나마 도움이 된다면 더할 나위 없이 기쁠 것입니다.

주위를 한번 둘러보세요. 당신이 자기의 이야기를 들어주기만을 기다리는 사람이 분명 가까운 곳에 있을 것입니다.

HEAR 히어

듣기는 어떻게 나의 영향력을 높이는가?

초판 1쇄 인쇄 | 2023년 02월 01일
초판 1쇄 발행 | 2023년 02월 07일

지은이 | 야마네 히로시
옮긴이 | 신 찬
펴낸이 | 정서윤

편집 | 추지영
디자인 | 지 윤
마케팅 | 신용천
물류 | 책글터

펴낸곳 | 밀리언서재
등록 | 2020. 3.10 제2020-000064호
주소 | 서울시 마포구 동교로 75
전화 | 02-332-3130
팩스 | 02-3141-4347
전자우편 | million0313@naver.com
블로그 | https://blog.naver.com/millionbook03
인스타그램 | https://www.instagram.com/millionpublisher_/

ISBN 979-11-91777-27-7 (03190)

값 · 16,000원